格兰特传

朱丹红◎著

时代文艺出版社

图书在版编目（CIP）数据

格兰特传/朱丹红著. —长春：时代文艺出版社，2015.12（2023.7重印）
（世界军事名人传记丛书）

ISBN 978-7-5387-4830-7

Ⅰ.①格… Ⅱ.①朱… Ⅲ.①格兰特，U.S.（1822～1885）－传记 Ⅳ.①K835.127=4

中国版本图书馆CIP数据核字（2015）第210486号

出 品 人 陈 琛
责任编辑 徐 薇
装帧设计 孙 利
排版制作 隋淑凤

格兰特传

朱丹红 著

出版发行／时代文艺出版社
地址／长春市福祉大路5788号 龙腾国际大厦A座15层 邮编／130118
总编办／0431-81629751 发行部／0431-81629755
官方微博／weibo.com／tlapress 天猫旗舰店／sdwycbsgf.tmall.com
印刷／北京市一鑫印务有限公司
开本／710mm×1000mm 1／16 字数／150千字 印张／12
版次／2015年12月第1版 印次／2023年7月第3次印刷 定价／36.00元

图书如有印装错误 请寄回印厂调换

目录 Contents

尤里西斯·辛普森·格兰特，一个被烙刻在美国历史上的辉煌的名字。他是美国南北战争后期联邦军总司令，美国第18任总统，一生叱咤风云，战功赫赫。他是世界历史上一个明星般的人物。

1822年4月27日，格兰特出生在俄亥俄州一个普通的家庭。父亲杰西·鲁特·格兰特经营皮革业，母亲汉娜·辛普森是位农场主的女儿。一家人简单而平淡的生活，随着格兰特的出生又添了几分色彩。

格兰特的名字是家人用抓阄的方式起的，也许从抓到名字开始，他便抓住了一段非同寻常的命运。

格兰特小时候性格腼腆，但是善于骑马。每当骑在马背上的时候，他便格外地兴奋。童年的光阴转瞬而逝，长大后，他进入了西点军校，当时，他还不是十分情愿，因此，最后毕业成绩也很差。他自己也并未想到自己的未来将要走向戎马生涯。

1854年，格兰特在上尉军衔上退役，之后他回到密苏里寻找工作。他尝试过几个不同的职业，但表现很糟糕。无奈之下，他只好在父亲开的一家皮革制品店打工。在皮革店工作的岁月是平静的，然而命运没有让格兰特一直平静地走下去。

战争来了，它给无数人带来了苦难，却给了格兰特人生最大的机会。这是一条充满了血腥的道路。1861年，美国内战爆发，格兰特再次应征，加入伊利诺伊志愿军团任上校，不久即被任命为准将。1862年2月他率军攻克南军的亨利堡及多纳尔森堡，从此名声远播，并升任少将。1862年4月在复洛会战中击败并重创南军。1863年4月至7月率田纳西军队迂回包抄密西西比河畔南军最重要的堡垒——维克斯堡，经历了外围作战和攻坚战，最终迫使南军投降，俘获不少南军。

1864年，格兰特被任命为联邦军总司令，5月率联邦军主力在弗吉尼亚同罗伯特·李率领的南军主力决战，并命令谢尔曼进攻佐治亚，南军遭受重创。1865年4月2日攻克南部同盟"首都"里士满，南军被迫于4月9日在阿波马托克斯投降，内战结束。1866年4月晋升陆军上将。1867年8月任陆军代理部长。

虽然格兰特本人相貌平平，但是在南北战争中，他的军事才能逐渐显现。他像金子一样，在战场的磨砺中熠熠生辉。他那过人的战略思考以及坚韧执着的精神，使他在战场取得节节胜利。尤其是凭借个人的智慧取得维克斯堡和葛底斯堡大捷后，战争局势向着有利于北方的方向转变，奠定了整场战争胜利的基础。

除了军事才能之外，格兰特人品中正，遇事果敢、坚毅，不追逐名利，这种个人品质使他最终走向政治生涯的巅峰。

战场上，格兰特是一个英勇的将军，叱咤风云、战功赫赫。但是，人无完人，这位战场英雄却不是治国能手，由于格兰特总统缺乏国家的全局观念，性格善良朴实不适合从事政治，再加上他的内阁同僚不是无能就是腐化，他在总统任上表现平庸。一系列经济丑闻给他的政治生涯留下永远抹不掉的污点，出乎意料的是，格兰特却在1872年赢得总统连任。1877年格兰特在总统任期届满离开白宫后，开始了他环游世界的旅程。

　　英雄人物不可复制，但却让我们懂得做人的道理。格兰特的步步高升似乎都是通过"无为"而取得的，而这种"无为"的背后却恰恰隐含着他获取成功的必备要素，即：坦诚的人格魅力、豁达的人生态度、果敢的决策能力、低调的自我认知和勇于承担责任的优秀品质。本书将为您还原一个英雄的铁血人生。

第一章 开启非凡人生

1. 金色童年

尤里西斯·辛普森·格兰特的父亲在养父母家长大，养父母去世后，格兰特的父亲远走他乡，开始了他的漂泊人生。岁月的苦难，让他更加坚强，经过多年的努力，他在拉维纳成立了一家皮革厂，日积月累，他成了一个比较富有的年轻人，为今后的人生打下了坚实的基础。

事业有成后，他遇见了自己的爱情。那是一个令他着迷的女孩，他的梦里总会出现她的笑容。这是他人生中不曾有过的甜美味道，他的内心燃烧着爱的渴望。1821年6月，格兰特的父亲杰西·R·格兰特和他的母亲汉娜·辛普森结为夫妇。不久，这对夫妇在幸福中孕育了一个新的生命。

这是一个普通的家庭，夫妇俩都在期待着他们的孩子来到这个世界上。他们想象着这孩子的样貌会像父亲多一点，还是像母亲多一点；也会憧憬这孩子会有怎样的未来，他会成为一个科学家，还是个精明的商人……他们做梦也不敢想象，他们的孩子会给世界带来重大的影响。

1822年4月27日，尤利西斯·辛普森·格兰特出生在俄亥俄州克莱蒙特县的波因特普莱镇。伴随一声响亮的啼哭，他的传奇人生也缓缓开启。

从呱呱坠地到牙牙学语，可以说小格兰特在父母的陪伴中度过了快乐的童年时光，他也在父亲的期盼中快速成长。

勤劳的父亲为格兰特创造了优裕的物质生活，同时，他还是位非常有思想的父亲，他希望能够带给儿子更多的影响。所以，除了满足格兰特的物质生活之外，父亲最大的愿望就是自己的子女能接受教育。

在那个年代，教育并未普及，少有人重视学校教育，但格兰特的父亲是一个十分好学的人，他希望格兰特能够在学校里受到良好的教育，所以很早便把格兰特送到了学校，让他学习知识。

格兰特觉得，课上的时光总是那么枯燥无聊，而课下的时光是那样富有趣味。他喜爱各种游戏，十分讨厌学习。他在学校学到的东西很少，却是一个听话的孩子。在父亲的监督下，格兰特没有缺过一节课。

格兰特家除了拥有皮革生意外还有大量的土地，他们建造了农场。农场是格兰特的最爱，他认为农场里充满了生气和活力，要比那枯燥的课堂好上千百倍。在农场里，他总是可以发现很多新奇的东西，他可以和蝴蝶玩耍，他可以戏弄小虫……闲暇时候，格兰特非常喜欢帮助父母做农活，有些时候会累得流大汗，他却感觉格外舒畅。他的天性在大自然里得到了完全的释放。在农田里忙碌的时光，格兰特总是快乐得像小鸟一样，自由自在地在田间飞舞奔忙。

格兰特从小就非常喜欢马，看见马儿潇洒地奔跑、听着马蹄声，他总是兴奋得又叫又跳。每一匹马，都好像是他英俊的朋友。

在离格兰特家一英里的地方，还有一片面积为五十英亩的森林。每年，格兰特的父亲都会雇佣人伐木。而格兰特在七八岁的时候就已经能为家里运送木材了，虽然那个时候他不能装车，可是赶马车却是非常稳当。

17岁以前，他甚至做过家里所有可以用马的活，如犁、耙、种、运，另外还负责喂养家里的三匹马和两头牛。在父母和邻居的眼中，他一直都是一个能干的小伙子。

孩子的眼睛总是会发现世界上的诸多乐趣，一个奇异的小虫子、一朵别致的鲜花、一片浮云……总是能轻易地引起一声惊喜的尖叫和一片欢声笑语。童年是每一个人生命中珍贵的财富，而格兰特应该算得上是个"富有"的人。

夏天时，格兰特会去一英里外钓鱼，欣赏波光粼粼的河水，也可以下河去游泳，看看鱼儿慌张的样子。他也喜欢骑着马去十五英里外看望亲人。到了冬天，他就会去滑冰、滑雪橇、堆雪人……总之，一年四季，他的生活都丰富多彩。

顽皮似乎是每一个男孩子的特性，格兰特也一样，他是个闲不住的人，而且他还是个胆子很大的男孩，尤其喜欢探险活动。他经常会一个人去远行、探险，在旅途中他总是能发现许多惊喜，这种探索精神在后来一直在他的生命中延续。

很小的时候，他就一个人去过四五十英里外的辛辛那提，还有更远的路易斯维尔。在那个交通并不发达的年代，对于一个还没长大的小孩子来说，独自一个人去路易维尔非常不容易。路途中有艰辛，也有无数的新鲜体验，他常常沉醉在这种探险所带来的刺激当中。

更为传奇的是，格兰特曾经随着邻居一家搬家到七十英里以外的地方，然后又自己回家，还曾去过七十英里以外的肯塔基的平岩。

这是一次非比寻常的经历，他和邻居小潘恩去看平岩的亲戚，他在平岩老潘恩先生的家里见到了一匹漂亮的驯马，一向对马非常钟爱的格兰特立刻喜欢上了它，于是向潘恩先生恳求用他赶来的两匹马中的一匹来换取。潘恩先生不愿意和一个小孩做生意，所以有些犹豫不决。格兰特像个大人一样对潘恩先生保证，只要自己认为是对的家里都不会反对。

潘恩先生犹豫了，因为格兰特还需要把那匹马赶回去，可是潘恩先生的马从来没带过辔头，潘恩先生担心一个小孩会出什么意外。格兰特却说这匹马虽然没戴过什么辔头，可是看上去很友善，所以他有信心驾驭它。生意就这样成交了，格兰特为此还获得了10美元的差价。他高兴极了。

第二天，格兰特和小潘恩上路了，开始的时候一切顺利，平安无事，后来在路上遇到了一只大狗，这匹马一下子就受惊了。马开始乱跑，边跑边踢。格兰特表现得非常勇敢，他利用自己这几年对马的驯服经验把马控制住。

因为格兰特的镇定和勇敢，在这次小意外中，马并没有造成什么伤害，也没有撞坏什么东西。但这样惊心动魄的场面并没有让格兰特产生什么恐惧。他在稍稍休息之后就带着小潘恩和马继续上路了。

没过多久，马又开始乱踢乱跑，甚至到了最危险的境地，前边就是一个堤坝了。此时的格兰特临危不乱，用尽各种方法与马抗衡，终于在就要掉下去的一刹那把马制服了，倒是这匹马浑身颤抖，受到了严重惊吓。

小潘恩更是被吓傻了，再也不敢坐格兰特的车，搭了别人的车回家了。只留下格兰特孤单单的一个人，还有一段很长的归途，这并没有使格兰特恐惧无措。

格兰特知道，想要回到家里，就必须再想别的办法，因为只要一开始走路，马就乱咬乱踢。他想到可以到梅斯维尔的叔叔那里借一匹马，可是到那里也需要一天的时间，这匹马根本无法正常走路。

终于，爱动脑筋的格兰特想到了一个妙计，他用一条手帕挡住了马的眼睛，果然奏效了，经过一番跋涉，他终于成功到达了叔叔那里。返程的时候，他向叔叔借了一匹马回到了家里。这段惊险的旅程就这样结束了，也成了他记忆中一段难忘的经历。

格兰特喜欢马众人皆知，关于他喜欢马还有一件趣事。8岁的时候，小格兰特看上了罗尔顿先生的一匹马，于是他央求父亲去与罗尔顿先生商谈，为他买下这匹马。最后，父亲终于答应了格兰特的请求。

格兰特的父亲出价二十美元，罗尔顿先生非要二十五美元。父亲认为那匹马就值二十美元，所以不想与罗尔顿先生交易，格兰特真的十分想要，他便央求父亲继续与罗尔顿先生谈价。

然而这一次，父亲并没有动摇，父亲让格兰特自己去与罗尔顿先生谈，但只允许他出二十美元。如果罗尔顿先生不同意再出二十二块五，如果还是买不下来，最后再出二十五美元。

格兰特兴致勃勃地骑着马出发了，到了罗尔顿先生家就说，他爸爸同意他买这匹马，如果你不同意二十块，就出二十二块五，如果还是不同意，就出二十五块。可想而知，他最后花了什么价钱买了这匹马。村子里很多人都笑话格兰特傻，其实这正是格兰特的执着所在。

格兰特的童年生活是非常幸福的，他享受着当时许多同龄孩子所没有的一切优越条件，他可以去昂贵的寄宿学校读书，他可以任由自己喜欢地去劳动，体会劳动中的乐趣而不是生活的疾苦。

在家里，格兰特从没有被家长打骂过。他的父亲无时无刻不希望自己的儿子能够有出息，可以离开家有更大的作为，在这样的愿望的驱使之下，父亲偷偷地为格兰特申请了去西点军校读书的机会。而父亲的这个决定，的确是改变了格兰特的人生。

2. 西点历练

进入西点军校，并不是格兰特自己的意愿，这个决定，包含了父亲对于自己青年时期理想的变相实现——虽然家境富裕，但由于所处的时代和环境，使他并没有机会接受很好的教育，因此，他希望儿子格兰特能够代替自己完成学业，有更好的发展。

除此以外，还有一个很重要的原因，这其中也富含了一个父亲对儿子的疼爱，因为在乔治敦，除了约翰·沃克尔家的几个儿子外，格兰特是当地最喜欢旅行的孩子。格兰特最远去过东部弗吉尼亚的惠灵、西部的路易斯维尔、南部肯塔基的波本县、北部俄亥俄的西部保留地，除了这些路程较远的旅程，格兰特经常骑马或赶车在离家五十英里范围内到处跑。

所以，进入西点军校，是一个可以让格兰特到纽约和费城旅行的大好机会，那可是美洲最大的两个城市。到费城和纽约旅行，这看起来真是一个诱人的主意。

对于旅行这件事情，格兰特欣然接受。他的头脑中还会幻想大城市繁华的样子，渴望渐渐地在他心中生根发芽。但是他并不是太希望自己进入西点军校。

于是，格兰特暗中打算，当自己完成纽约和费城之旅的时候，会让一些小意外"发生"，比如受点小伤，或者出现火车撞车、轮船撞船等状况。这样一来，自己既能够享受到旅行的快乐，在付出极小代价的情况下，又可以不去西点军校报到。这就是一个男孩子的小计谋。

由于性格的因素，格兰特在做每件事情的时候都希望自己能够做到最好。他不能接受自己的任何失败。但想要在西点军校顺利毕业，并不是一件十分容易的事情。如果不能顺利地毕业，这可格兰特无法接受的残酷现实。正是因为这种心理，格兰特觉得自己并不具备在西点军校完成学业的"硬件"条件，所以在最初便对西点军校产生了一些不自信的抗拒。

还有一件事，对于格兰特的影响很大。在他居住的小镇里，有个贝利医生。1837年，贝利医生的儿子，格兰特称之为小贝利被推荐入学，但小贝利发现即将到来的一月份考试，自己并没有把握通过，于是主动退学，随后他进入了一家私立学校就读。

第二年，小贝利再次被推荐进入了西点军校，可是由于某些因素，在入学后的第二次考试之前，小贝利再次被退学。然而，他的父亲贝利医生是一个十分骄傲而敏感的人，他不能接受儿子接二连三地与西点军校擦肩而过都无论是自动退学，还是被学校劝退，这对于贝利医生来说，是一个耻辱，于是，他做出了狠心的决定——拒绝小贝利回家。

小贝利的遭遇，一直深深印刻在格兰特的脑海中，他生怕自己成为第二个无家可归的小贝利。他用恐惧为自己铸造了一件精神枷锁。

然而，在现实面前，再多的担忧也是无用的。父命难违，格兰特不得不接受父亲的决定。

1839年5月中旬，格兰特踏上旅程，时间很充裕，他愉快地享受到了旅行的乐趣。他在繁华的城市里见识了许多新鲜的事物，品尝到了许多美食，看到了许多衣着华丽的人……旅途的新鲜和精彩刺激着格兰特，他甚至忘记了自己将要进入西点军校的事情。美好时光总是短暂的，转眼间半月就过去了。

5月末的时候，格兰特在西点军校报到。半个月后，格兰特竟然顺利通过了入学考试，这样的结果让格兰特自己也感到十分惊讶。

从此，格兰特正式开始了他的军队生活。格兰特虽然通过了入学考试，可他没有太大的信心能顺利毕业，并且，他对西点军校的课程并没有太大的兴趣。

像格兰特这样的新进学员在开始文化课之前需要进行野营训练。野营训练让格兰特感到十分乏味、无聊。他格外怀念童年那些自由的日子。他可以尽情地撒野，没有任何束缚。而眼前，他却不得不被条条框框的规则限制住。

近三个月的野营训练，让格兰特越发期待起野营训练结束后分配营房的日子，当这一天真的到来的时候，一切却没有他想象的那样好，格兰特发现在营房的日子也同样无聊。

格兰特曾在他的自传中承认，自己毫无学习的热忱，"书本上的东西我从来没看过第二遍。"因此，他给自己找了一个消磨时光的最佳去处——学校旁边的图书馆。在这里，格兰特倾注了绝大部分的精力阅读了大量的名家著作。

在格兰特的心中，全美国最让他钦佩的人物只有两个，一是斯科特将军，另外一个则是当时担任学员指挥官的C·F·史密斯上尉。

虽然，新兵野营训练时期的记忆并不算愉快，但是有一件事情让格兰特记忆深刻。斯科特将军居然来到西点军校访问，并检阅了所有的学院。斯科特将军给格兰特留下了极其深刻的印象，无论是魁梧的体型、充斥着指挥官气质的完美身材，还是他身上笔挺的军装，都让格兰特艳羡不已。格兰特承认，如果单从外表上看，自己难以和斯科特将军相媲美，他非常期待自己有一天也能够如斯科特将军一样英武地站在检阅台上。

枯燥乏味的西点军校学习生活让格兰特感到十分无趣。当得知为了讨论是否取消西点军校这件事情，议会专门召开会议的时候，格兰特高兴极了。他觉得，如果议会通过了这个提议，他就能够以一种体面的方式离开西点军校，从此摆脱枯燥无聊的生活，那将是目前人生中最快乐的事情。

此后，格兰特关注起相关信息，他经常为提议迟迟不通过而闷闷不乐，他心中暗暗的希望一次次地落空了。

在此期间，格兰特已经开始为自己离开西点军校后的生活找到出路了。他规划当自己学业完成后，在学院争取一个数学助教的职位，徜徉在校园和书海的光阴里安然度日。再努力几年，也许能当上某个知名大学的教授，他的收入会越来越高，威望也越来越大，也许还会去做精彩的讲座，也许会担任一些不错的职位……总之，应该会有不错的发展。

那个美好而安稳的未来，使他逃离西点军校的渴望越发强烈。在校园里要吃些苦头，这对于一个曾经执着于自由与玩耍的孩子来说，很难不产生抵触情绪。

在西点军校，唯一能够让格兰特露出真心微笑的时候，要算是入学两年后的假期。那是他期盼已久的日子，重拾的自由更是如天堂般的感觉，让他格外珍视。

在格兰特的自传中，他说："这段日子是我一生度过的最美好的时光。"因为那段时光里让他再次感受到了无限自由。他可以尽情地去做自己想做的事情，完成自己期盼已久的想法。在他的心中，分分秒秒都充盈着无数的快乐。

和所有的孩子一样，当假期结束时，格兰特又回到了西点军校。而走向学校的每一步，对格兰特来说都无比沉重。

更糟糕的是，此时考试成绩公布出来，在技战术科目中，格兰特成绩很糟糕，在年级中的排名和在中士中的排名相同，都处于倒数第二名。这对于格兰特这个自尊心极强的人来说，显然是十分丢脸的成绩。那些数字就像一把把锋利的尖刀，刺伤了格兰特的自尊心。

为了军事训练，西点军校中的学生军团被分为四个连，这里的军官都是由成绩较为优异的学员担任。四年级的学员可以担任副官、军需官、上尉、中尉；三年级的学员可以担任中士，而二年级的学员则只能担任下士的职位。因为成绩糟糕，格兰特被降级，直到四年级的时候，他仍然是二等兵。事实已经如此，不管他的心情是怎样的，他终归要面对。

四年的时间终于过去了，值得庆幸的是，在毕业考试中，格兰特通过了所有科目的考试，顺利毕业。他还算是体面地离开了这里。

在享受假期之前，毕业生被召集到一起，填写服役部队或者军团的志愿申请。格兰特希望能够进陆军唯一的骑兵团——龙骑兵团，这个骑兵团不仅有整套的军阶，还有四个名誉上尉的职位可以争取，为了保险起见，格兰特把龙骑兵团作为第一志愿，当时的第四步兵团则作为第二志愿。最终，格兰特被步兵团接收。

3. 第一次晋升

在1844年到1845年之间的国会即将结束的时候，美国对于德克萨斯州的吞并计划在国会中通过。1845年3月1日，这份议案被交到了当时的泰勒总统手中，并很快得到总统的批准。同年7月，格兰特所在的部队接到了命令，转到新奥尔良兵营驻扎待命。直到9月初，部队才离开新奥尔良，向德克萨斯的科珀斯克里斯蒂进发。

科珀斯克里斯蒂位于科珀斯克里斯蒂海湾的前沿，纽埃西斯河的入海口，地处海湾的西岸。在西班牙统治时期，除了适应墨西哥本土气候生长的橄榄、葡萄以及其他很多产品外，只要能从西班牙供应的任何产品都禁止在墨西哥本土生产。

烟草无法在西班牙本土生产，它成了西班牙政府对墨西哥政府严格控制的有效工具。对于烟草这种植物，在墨西哥大陆最早的记载中就已经出现了，当地人无论男女，都有吸食烟草的习惯。墨西哥人，只要过了十岁，都会养成抽烟的习惯，他们随身携带烟叶袋和一卷玉米衣，现抽现卷。

在格兰特看来，坏习惯传播的速度远远要比好习惯传播的速度快，很多西班牙殖民者也大量吸食烟草。

当时，对于烟草的种植、加工，甚至是销售，都是由政府垄断的。烟草生意带来的收入，占了国内收入的主要部分。为了确保烟草带来的税收，政府只允许在特定的区域种植。这些特定的区域，因为烟草的种植，被课以重税。并且，所得的烟草必须卖给政府，而烟草的价格则被当局的贪婪和人们的支付能力所限制。

墨西哥的所有法律都是在西班牙本土制定并生效的，所有的执法人员也是由西班牙皇室派到墨西哥去的。一直以来，墨西哥人没有机会学会立法，更不知道怎样才能管好一个国家，即使脱离西班牙人的殖民统治取得独立后，他们对于法律的认知仍旧停留在以前，觉得实行现行的法律实在是天经地义。对于墨西哥人来说，独立后的差别只是墨西哥本土人成了执法者。由于烟草带来的收益的比重仍然很大，烟草税成了唯一没有被废除的不合理赋税。

矛盾的出现，也带来了战争。

格兰特所在的部队在科珀斯克里斯蒂完成集结，这支军队被格兰特称为"占领军"。占领军总共不超过三千人，它是由第二龙骑兵团的七个连、轻炮兵的四个连、步兵军团的五个团，再加上一个步兵炮团组成的，由扎卡里·泰勒将军做总指挥。

这支占领军被派往墨西哥居住区的边缘地区，原因只是为了挑起战争。当然，由墨西哥人挑起这场战争是美国人最愿意看到的事情。至于国会会不会开诚布公地吹起战争的号角，格兰特并不能肯定。但是，如果这个角色换作做了墨西哥人，对美国军队发起进攻，美国国会完全有正当理由进入正当的战争状态，精神抖擞地投入战争。

可是，墨西哥人对于美国军队的驻扎并没有什么极端的反应，因此，"占领军"只好再向前迈进一步，为的是寻找一个能够让墨西哥人打得到的位置。为了这个目的，占领军进驻马塔莫罗斯附近的一个据点，它位于奥格兰德河附近。对于"占领军"来说，最为理想的位置是让军队靠近墨西哥最大的人口居住中心，并且看起来这种做法并不能让美国人被冠以入侵他国领土的恶名。

科珀斯克里斯蒂距离新的据点马塔莫罗斯一百五十英里的路程，由于墨西哥国内的淡水资源并不充足，并且在这两个据点间没有一个居住区，更没有任何正被人类耕种的土地，可以说荒无人烟。在这段路程中，不会碰到被来往于两地之间商人挖掘的水塘，更没有被像水牛这样的家畜拱出来的水塘。所以，在占领军行进的途中一定要考虑到水源的情况。

占领军从科珀斯克里斯蒂出发，这个队伍很庞大，不仅有骑兵护卫队、薪水出纳、迪克斯少校和他的随从，还有一些正在休假的军官，格兰特是这些休假军官中的一员。

在占领军离开科珀斯克里斯蒂之前，格兰特得到了军旅生涯的第一次晋升，由第四步兵团的一名名誉少尉晋升到第七步兵团的正式少尉。与格兰特一同晋升的还有第七步兵团的弗兰克·加德纳，他变成了第四步兵团的一名少尉。因此，格兰特和他一同申请调防，这样就能够回到原来的军团，后来这次申请被华盛顿批准。

在得到晋升的同时，格兰特还拥有了一次假期。假期结束后，像格兰特这样的休假军官都要回到科珀斯克里斯蒂。由于队伍中担任薪水出纳的奥斯汀耽误得太久，于是格兰特决定骑马立刻返回营地。时间紧迫，格兰特等人都没有时间准备马料，只好让马匹吃些沿途地上的青草果腹。

到达目的地需要整整六天的时间，除了在戈利亚得和科罗拉多河上这两晚的时间能够好好休息外，其他的时间都只能露宿野外，随便吃点自己带的食物。这段路程充满了危险，印第安人和不期而遇的某些德克萨斯白人都可能对他们造成生命威胁。

路上，奥格尔中尉的健康出了一些状况，还没有到达目的地就已经病得很厉害了。屋漏偏逢连夜雨，他的坐骑也已经累得筋疲力尽。到达戈利亚得之后，格兰特等人在不得已的情况下，安顿好了奥格尔中尉，其他人继续赶路。

这次旅行给了军官们一次很好的打猎机会，无论在哪里，成群的鹿和羚羊随处可见。再加上每位军官都有配枪，到了夜晚宿营后，经常能看到一些军官走出去，回来后会带着新猎到的野鹿和野鸡，可谓收获颇丰，每次都能让所有的军官饱餐一顿。格兰特和他们不同，他没有把握住打猎的机会，从没有出去过，自然也没有机会开枪。

在戈利亚得短暂停留时，格兰特和本杰明准备到河边走走。两人还没有走到树丛边缘，就能听到来自头顶的野鸡扇动翅膀的声音。两三只野鸡飞出去了，随后，更多的野鸡也飞了出去，据格兰特目测，当时野鸡的数量大约有二三十只。在这个时候，格兰特的枪一直在肩膀上扛着，而本杰明则尽情地打猎。格兰特觉得，反正捕获的猎物已经足够，根本用不到自己开枪，并且，严格意义上来说，自己也不算是一名合格的猎手。

在规定的日期内，格兰特等人回到了科珀斯克里斯蒂复命，开始有条不紊地做部队向前开拔的准备工作。

在科珀斯克里斯蒂的时候，只要是喜欢骑马的军官都会有属于自己的马匹，每个人在马身上花费不了多少钱，这是因为不仅马匹的价格便宜，它还会自己找草吃。

曾经，格兰特有三匹马，它们由一个黑人小伙子照料，格兰特每个月付给他8美元的酬劳。当然，仅仅照料格兰特的三匹马，8美元显得相当昂贵，这个黑人小伙子还负责照料格兰特的同学以及另一位尉官的营帐，与此同时，他还担任这几个人的厨师。

一天，这个黑人小伙子骑着马，带领另外两匹马去饮水时发生了一个突发事件，另外两匹马把他从马鞍上拖了下来，这三匹马结伴而逃，从那以后，格兰特再也没有找到它们。

除了喜欢骑马，在格兰特的军旅生涯中，驯骡马也同样充满了乐趣。事实上，驯骡马的方法既不残忍，又十分有趣。格兰特曾在他的自传中提到过驯骡马的方法："通常情况下，一帮墨西哥人——也就是负责交货的贩骡马生意的合伙人——带来一批骡子，他们先把骡子赶进围栏内。围栏被叫作骡马圈，也就是将一英亩左右的地用栅栏围起来。墨西哥人都有娴熟的套索技能，他们骑着马进入骡马圈，套索连在马鞍前鞍桥上。战士被叫来做帮手，手里拿着绳子准备捆扎；铁匠也进了骡马圈，端着火，烤着烙铁。只见墨西哥人向骡子的脖子抛去套索，被套索套住的骡子继续向前跑，直到绳索拉紧。当这个人做着一系列绕圈、前抛等动作时，会有另一个墨西哥人再抛出另一个套索，套住骡子的一条前腿，这样，骡子就被拉倒在地。做帮手的战士迅速冲上前压住，铁匠在骡子身上烙上U.S.字样。脖子上套上绳索，绳索上打了一个活扣，只要用力拉，绳索就会勒紧骡子的脖子。就这样，一边一人拉着绳子，将骡子慢慢地拉起来，解脱掉其他的绳套，然后，有时费劲儿，有时省劲儿地将骡子牵到围栏外的木桩旁，用绳子拴在那里。"

对于驯服骡马，这仅仅只是开始，更重要的应该是骡马和车夫之间的磨合。格兰特认为，在整个战争期间，任何一只墨西哥骡马都不可能让人十分放心地把它们完全松开。当然，这种认知也有格兰特自己的经验在里面。不过，事实也的确如此，只要车夫赶过了墨西哥骡马，他们赶车的功夫也就练成了。

4. 美丽爱情

对于进入西点军校，甚至于后来进入第四步兵团都没有带给格兰特欣喜的感觉。但是，如果命运为你关上了一扇门，请不要灰心，它一定会为你打开一扇窗。格兰特也同样如此，浪漫的爱情带给他的不仅是勇气，更是一种甜蜜的牵挂。百炼钢成了绕指柔，一个铁血的硬汉，在爱情里尽显浪漫。

F·T·登特是格兰特在西点军校的同班同学，在西点军校的第四年，二人成了舍友，也成了很好的朋友。经常接触，彼此间的了解也就多了，他们建立起了深厚的友谊，这也使格兰特在西点军校的岁月增色不少。

通过接触，格兰特了解到，登特一家住在杰斐逊营以西大约五十英里的地方。登特一家孩子众多，除了几个儿子外，还有三个女儿，一个15岁还在上学，另一个刚刚八九岁，还有一个大一点的女儿，在圣路易斯的一所寄宿学校上学，已经有好几个年头了。当学校放假的时候，这个大女儿不怎么回家，却经常到城里的亲戚家做客，直到从学校毕业，她才一直待在家中。

此时，格兰特因为入编第四步兵团，在毕业那年的9月30日，已经到达圣路易斯的杰斐逊营报到。在当时，杰斐逊营是全国最大的军事驻地，一共有十八个步兵连驻扎于此，这里面包括第三步兵团的八个连和第四步兵团的十个连。

因为军队的驻扎地和登特一家的距离不算远，再加上两人很合得来，格兰特就成了登特一家的常客。在登特家的时候，格兰特总是非常放松。欢声笑容，总是能将他的心融化，尤其是当登特家的大女儿毕业后，格兰特更喜欢前去拜访。他特别喜欢同登特家的大女儿聊天散步，看见她的笑容，他的心情就会莫名地好起来。她的每一个姿势，每一个表情，他都能感受到一种格外的美。

最初格兰特并没有意识到这种现象背后所代表的是什么，只是觉得十分愉快。渐渐地，格兰特在当地混熟了，俨然成为登特一家的家庭成员。

直到有一天，格兰特才明白内心的真实想法。他才明白那种内心深处的渴望原来叫作爱情。那对于他来说，是一种崭新的人生滋味。

事情起源于格兰特所在的第四步兵团要跟随第三步兵团的脚步离开圣路易。在第三步兵团出发之前，格兰特获得了为期二十天的假期，格兰特准备利用这个假期回到俄亥俄州的父母身边。格兰特已经动身离开圣路易斯，他没有料到，杰雯逊营再一次收到通知，剩下的第四步兵团的十个连，将追随第三步兵团的脚步到杰瑟普堡附近驻军待命。

由于接到的是紧急通知，当部队的通讯员来找格兰特的时候，他已经出发了，对此事全然不知。后来，当格兰特到达贝塞尔的时候，他收到同班同学的信，同学将第四步兵团即将启程的消息告诉给了格兰特，在信中，这位同学一再叮嘱格兰特，除了开启他的信件之外，千万不要拆开来自圣路易斯或者杰雯逊营的任何信件。

得知这个消息，格兰特十分矛盾。他知道，作为军人，他不能违背离队条件——他要在二十天的假期结束时向杰雯逊营报到。直到此时，格兰特得知部队离开圣路易斯的消息，他才真正听到自己内心深处的声音——一定要回圣路易斯，一定要对那个可爱的女孩说点什么。

一番辗转反侧的思索之后，格兰特选择了一个比较折中的做法，在二十天的假期结束的时候，向杰雯逊营的指挥官尤厄尔中尉报到，并同时再交上一份离队许可。出乎格兰特意料的是，尤厄尔中尉竟然非常爽快地同意了。他"命令"格兰特前往圣路易斯安那的军团报到。

在当时，吞并德克萨斯是上到国会媒体，下到普通百姓热烈讨论的话题。正处于泰勒总统任职期间的美国政府对这件事的态度十分明确，作为其直接领导下的军队则需要立刻执行，这才间接促成格兰特的表白。

格兰特心急如焚地上路，他甚至没带任何行李，领到马匹就立刻踏上通往登特家的路。

在杰雯逊营和目的地之间，有一条很不起眼的小河，平日里，河里的水量连驱动咖啡磨都做不到，更不用说枯水期的时候，已经接近干涸。但那一阵子由于当时连日下雨，这条小河一反常态地暴涨起来，由于没有在上面建造任何桥梁，给格兰特出了一个不小的难题。

格兰特作为一个旅行爱好者，他经常能够去一些从未去过的地方，走一些根本没有走过的路，因此，经常会出现走错了路的情况。格兰特习惯的做法不是回到出发的地方重新上路，而是一直往前走，直到遇到能够通往目的地的正确的路。基于这个习惯，格兰特直接冲进了河里，他和他的马被河水冲散。马自从进入河里后就开始凫水，而格兰特则被水流一直冲到了下游地区。

经过一番费力挣扎，格兰特牵着马上了岸。然而糟糕的是，由于没有准备行李，所以他只好穿着湿漉漉的衣服继续赶路。

到了登特家，格兰特十分遗憾地告诉女孩：第四步兵团已经从杰雯逊营撤走。

格兰特的话音刚落，女孩的脸上就已经呈现出极度失望的神色，内心也涌现出一股莫名的失落。女孩的反应似乎给了格兰特莫大的勇气，在离开之前，格兰特终于和女孩彼此表白，承认对方在自己心中的地位。爱情的花蕾，勇敢地绽放。

在1845年5月，格兰特又一次得到了二十天的假期，在争得了女孩父母的同意后，格兰特和心爱的登特小姐重逢。这次重逢不同于往日，双方的父母对于孩子之间的爱情保持着一种乐见其成的态度，这更让格兰特充满了勇气。两人的爱情之火，也燃烧得更加热烈。

美好的假日转眼间就结束了，当这次假期结束后，由于战争还没有公开打响，格兰特不得不和观察军一同留在路易斯安那的边境。

原本两人以为能够时常见面，但是这个计划很快就被因为吞并德克萨斯州而引发的墨西哥战争给破坏了，格兰特奉命去执行别的任务。两人没有想到，这一别竟是四年零三个月，这期间，格兰特和登特小姐没有见过一次面，只是尽量多地保持通信联系。一场爱情，走向了一条未知路。

第二章　墨西哥战争

1. 孤胆英雄

1847年3月8日，格兰特所在的部队接到出发的命令，这代表着美国对墨西哥的战争已经准备就绪。3月中旬，部队抵达里奥格兰德河，扎营于靠近河岸的地方。里奥格兰德河位于马塔莫罗斯城对面，在这座城市的下城边，有一个小要塞，部队驻扎的地点正处于小要塞的火力射程之内。

部队开始在这里修筑工事，工事布局由工程师负责设计，而工事的具体修筑工作则是由士兵们完成。对于美国军队的逼近，墨西哥人恼怒至极，如果美国军队的士兵单独走出营地范围，将会遭遇到墨西哥人的攻击，这是一件十分危险的事情。由桑顿上尉和哈迪上尉率领的两个连的龙骑兵就曾经遭遇过墨西哥人的袭击，被敌军俘获。

伊莎贝尔角是当时美军的军需供给基地，它位于里奥格兰德河河口以北二十五英里以外的沿海地带。当时，墨西哥军采取了大规模出没的策略，意在警告美军，不要有任何过分的军事行为。因此，即使派出军队予以保护，美军也无法保证供给车的安全。

由于修建防御工事，从科珀斯克里斯蒂带来的给养用得差不多了，防御工事必须在最短的时间内尽快完成，几乎所有的人都加入到修建防御工事中去，从黎明忙到黄昏。当工事进入修建尾声的时候，军队的给养几乎用光，必须要想办法得到充足的给养。此时，由雅各布·布朗少校率领的第七步兵团前来驻守，其他的人都带着足够的给养转移到伊莎贝尔角。

战争已经打响，当主力部队离开里奥格兰德河时，留守的部队立即被赶来的墨西哥军队包围。很多时候，躺在海滩帐篷里的格兰特，经常会听到来自里奥格兰德河的两军交战的枪声。

格兰特不是这里的一分子，虽然此时他已经荣升少尉，但严格意义上来说，他从来没有听到过敌人的枪声，也没有真正地上过战场，格兰特更是对参军这件事情感到后悔不已。但战争已经打响，在伊莎贝尔角得到充足的补给后，泰勒将军率领军队返程，回到奥格兰德河支援那里的驻军部队。

泰勒将军从来不炫耀自己的军装，即使是在战场上，他的着装也是十分简朴，从来不穿可以显示他军衔的军装。即便如此，在他的军队中，没有一个人不认识他，每个人也都十分尊重他，包括格兰特在内。

在前往奥格兰德河增援的过程中，在5月8日，部队接近帕洛阿尔托的时候，格兰特所在的部队发现，一支墨西哥军队以战斗队形在树丛中整装待发，这支部队的士兵的人数要远远多过格兰特所在的部队。

在泰勒将军的命令下，格兰特所在的部队也将队形调整到战斗队形，同时还包括两门排炮、两门十八磅铁炮，重装武器在队前一字排开。为了保险起见，还有一个营被放在了炮兵的后面做后备，由查尔兹中校亲自率领。当部署完毕，泰勒将军命令每个连派出一个排的士兵前往位于部队右侧的小溪给全连士兵的水壶灌满水。一切准备工作完成，泰勒将军下达了进攻的命令。

　　遭遇战打响，墨西哥军队的炮兵、步兵开始进攻。最开始，由于距离的原因，他们的炮火无法作用在格兰特所在的美国军队，双方部队继续前进，当距离渐渐逼近的时候，墨西哥军队的炮弹开始穿越格兰特所在部队的队列。但幸运的是，这次遭遇战，美国军队并没有人员伤亡，因为在墨西哥军队的炮弹到达美军队列之前，就在茂密的树丛中滚落下来，这些炮弹很容易被士兵们发现，每当出现这种情形，部队敞开队形，让过炮弹，避免了许多危险。

　　在美军的队列接近对方炮火攻击的范围时，泰勒将军下令停止前进，战斗正式开始。

　　虽然墨西哥军在人数上要多于美国军队，但美国军队在武器装备上却有着很大的优势。当时常见的火炮都是发射六磅实心弹的铜炮，但泰勒将军的部队却有三四门可以发射十二磅有壳炮弹的榴弹炮，另外，泰勒将军还有十八磅铁炮。虽然墨西哥军队的步兵和格兰特所在美国军队的步兵装备所差无几，但是单从炮弹上来说，格兰特所在的美国军队有着很大的优势。

　　在这次遭遇战中，格兰特所在部队的十八磅铁炮和榴弹炮发挥了巨大的威力，当墨西哥军队的阵地被他们攻下来的时候，美国军队伤亡很小，当天统计，美军部队有九人阵亡，四十七人受伤。相比之下，墨西哥军队的伤亡则十分惨重，虽然并不了解敌军伤亡的数字，但在第二天拂晓，当泰勒将军准备发起第二轮进攻的时候，发现墨西哥军队已在夜晚悄无声息地撤离了前线，这也从侧面证实了格兰特后来的猜想。

　　这次遭遇战让格兰特印象深刻，同时也深深地敬佩起泰勒将军来，他率领着这样一支队伍，远离朋友、家人，肩上的担子有多沉重，这也许只有泰勒将军本人能够体会到。

当部队到达目的地卡马戈后，格兰特被认命为团军需官和粮草供应官。

在9月5日这一天，部队接到命令，从卡马戈开始进军。这次进军，让本来无意生活在军队的格兰特当了一次孤胆英雄。

在卡马戈格兰特所在的部队被分为四路，每路军队间隔一天的时间出发，四天后，第一路部队到达塞拉尔沃，等待其他三路军队，9月13日，第四支部队到达塞拉尔沃。在同一天，仍旧是第一支部队开始行军，和上次一样，每路军队间隔一天的时间出发，最后在马丁汇合，马丁距离蒙特雷二十四英里，这个地方和部队第一次汇合的地方塞拉尔沃一样，已被当地的居民遗弃。

四路部队在马丁汇合后，不再分路前行，而是集体前进，19日，格兰特所在的部队在距离蒙特雷三英里的一处名为核桃泉的地方驻扎下来。

蒙特雷与核桃泉之间是一片广阔的平原，它属于蒙特雷的城郊，在这片美丽的原野之上，有一个异常坚固的防御要塞，这个要塞被格兰特所在的部队称为"黑色要塞"。墨西哥人的这个防御要塞有射程能达到蒙特雷城北的大炮。

在蒙特雷的城北和城西北的方向，是凸起的山丘，这里有墨西哥军队驻守。城东有两三座防御工事，由步兵配以大炮做防守，城南则是从山中潺潺流淌出来的小河，后面还是一座青山。城中心广场是一座古老的城堡，各个通往城堡的方向都在墨西哥军队炮火的掩护范围内，而中心广场附近的房顶都有沙袋作为掩护，被改造成防御工事。

此时，泰勒将军的部队大约有六千五百人左右，这些士兵被分为三个师，分别由巴特勒将军、特威格斯将军与沃思将军指挥。当泰勒将军了解到墨西哥军队在蒙特雷城的武装分布后，当下决定，军队应该避开"黑色要塞"和蒙特雷城西北方山顶的火力，在通往萨尔蒂约的公路旁集结，通往萨尔蒂约的公路处于城北和城西北两座山丘的中间。只要能够控制住这条公路，格兰特所在的军队就可以切断墨西哥军队的外部供给。

作战计划得以确定，沃思将军率领的部队作为这次进攻的主要力量，其他的两个师作为掩护和后援，从城东和城北两个方向对城市和前线的防御工事发起进攻。

桑德斯上尉和乔治·G·米德中校，他们是沃思将军的工程官，在夜色的掩护下，二人对萨尔蒂约公路周边的地形进行了细致地侦察后，在20日的晚上，泰勒将军下令架起炮台，对"黑色要塞"进行火力攻击。这座炮台包括一门十英寸的迫击炮和两门二十四磅的榴弹炮。格兰特所在军队把炮台架在离墨西哥军队最近的一个高岗上，并且，部队也在广阔的平原上找到了一个天然的壕沟，足有一人深，可以掩护部队，躲过来自墨西哥军队的炮火。

这个时候，格兰特正在担任第四步兵团军需官的职务，第四步兵团是由六个压缩连组成的，他的主要任务是负责照顾核桃泉的军需设施，按计划，在进攻结束后，也就是第二天一早，部队还要返回营地。

在部队发起进攻的时候，格兰特的好奇心战胜了恐惧心理，他骑着一匹马，冲到前线阵地，想看看前线的实际情况。格兰特刚刚进入前线阵地，部队就接到了冲锋的命令，此时，格兰特有些骑虎难下，他没有骑马返回营地，只好跟着部队一同向前冲锋。

这时，格兰特所在的部队一冲出战壕就遭到了墨西哥军队的火力攻击，他们已经完全暴露在敌人的炮火之下。这次进攻，格兰特所在的部队伤亡人数达到了总人数的三分之一。部队没有办法后退，只好向东撤退，这个方向和连接蒙特雷和核桃泉之间的公路呈垂直方向。

这次战役给格兰特带来了深深的思考。后来，格兰特对于这次冲锋做了总结，他认为冲锋的失败在于考虑不周、组织不力，如果部队从左翼迂回到城东北角，那么，既可以避开"黑色要塞"的火力攻击，又可以减少人员伤亡。

接下来的几天，格兰特所在的部队没有采取任何进攻措施，而在"黑色要塞"中的墨西哥军队仍然持续开火。到了22日的夜晚，墨西哥军队放弃了城东的炮台工事。第二天清晨，格兰特所在的部队控制了蒙特雷的整个城东地区。

虽然格兰特所在的部队取得了优势，但不可否认的是，通向城中心的广场的所有街道都有墨西哥军队的火力布置。在蒙特雷城的所有房子的屋顶都是平的，并且只有一两层楼那么高，建筑的优势，让靠近中心广场的所有房顶都被步兵布防，并用沙袋作为掩护，这给格兰特所在的军队的每一次进攻都增加了很大的难度。

格兰特所在的军队也同样做了很周密的防御工事。在不通向中心广场的街道上，都埋伏下士兵，以此来避开墨西哥军队的火力和视线。第三步兵团和第四步兵团曾经尝试过进攻中心广场，但伤亡异常惨重。剩余的士兵到达中心广场的一个小广场后，掩护好自己，部队便不再前进。

　　他们用惨痛的代价占据了这个位置，但是糟糕的是他们发现自己的弹药已经快用光了。在此危机时刻，格兰特心中升腾起一股英勇的火焰，他自愿请缨，单枪匹马地返回出发地，向驻守在那里的特威格斯将军请求弹药支援。

　　当时格兰特所在的位置在街道的房子后面，如果他骑马返回，也就意味着让自己暴露在敌人的火力之下，这颇有些沦为砧板上鱼肉的无奈。但当时情况十分危机，格兰特不想以惨痛代价换来的成果功亏一篑。他思考片刻，调整好自己在马背上的位置——侧身在马的一侧，避开敌人的视线。

　　格兰特深吸一口气，单脚蹬住马鞍尾部，一只手牢牢地抓住马的脖子，像风一样向前冲去。由于马奔跑的速度过快，当格兰特冲过路口，自己暴露在敌人的火力下时，墨西哥军队的枪声也同时响起，格兰特的机智勇敢让他避过了危险，虽然整个路程惊险万分，格兰特却毫发未伤，他成功地将消息带给了支援部队。

　　很快，格兰特所在的部队成功地攻下了蒙特雷城，突围带给他无限的喜悦，但是转而他又开始对墨西哥俘虏产生了同情之心。格兰特认为，产生这种感情的士兵，一定不只是他一人——战俘中的很多骑兵，手中没有枪支，只有长矛，饿得瘦骨嶙峋的战马是他们的坐骑，战俘本人也好不了多少。在格兰特心中，这些可怜的墨西哥人并不关心战争的结果，也许，他们对于开启战争的原因也不甚了解，他们也是战争里的无辜受害者。

2. 和心爱的女人结婚

墨西哥战争终于结束了，和平条约得到批准，美国军队接到命令撤出墨西哥。短暂的和平终于到来，对于大多数人来说，这是一种万幸。

墨西哥战争带给格兰特的除了丰富的实战经验之外，还有更多的机遇，他有机会同参与战争的很多常规军的军官们聚在一起，互相结识。除此以外，这次战争让以格兰特为首的军官们认识了很多志愿者，这些志愿者有绝大多数人参加了后来的南北战争。

同时也算是在西点军校的一个收获，格兰特在西点军校中的很多同学，后来都成了南北战争中各级军队的主要将领。格兰特毕业于1843年，在西点军校，他结识了1840年到1846年一共七届的毕业生学员。在南北战争中，格兰特所结识的这几届学员中有五十多个成了南方或北方著名的高级将领。

在墨西哥战争中，同样让格兰特与很多著名的将领交上了朋友。无论是通过哪个途径认识的军官，在南北战争中都帮了格兰特不少的忙。格兰特本身就是一个心思细腻的人，通过接触，他对这些军官的性格都十分了解，虽然在战争中，将领们采取的战术和他们的性格没有绝对的关系，但格兰特对于他们性格的分析，对战术的选择起到了十分重要的作用。

1848年6月上旬，格兰特所在的部队开始撤出墨西哥城。军队在哈拉帕集结，等待韦拉克鲁斯船队的到来。当时，离哈拉帕只有两英里远的韦拉克鲁斯正在流行黄热病瘟疫。幸运的是，在这期间，军队中只有一个军官死于这种病。

格兰特所在的团被调往密西西比的帕斯卡古拉，他们将要在那里度过1848年的整个夏季。格兰特跟随部队来到营地，没过多久，格兰特得到了长达四个月的假期。

四个月的时间，对于格兰特来说并不算长，因为他已经做好了打算，要与心爱的朱利娅·登特小姐结婚。他渴望幸福的时光能更长一点。

在前往圣路易斯的路上，格兰特归心似箭，他是多么想马上就能与爱人团聚！长时间的分别，让这对爱人相守的心更加坚定。他知道，她就是今生自己要娶的女人，是他爱情最好的归宿。1848年8月22日，在朱利娅·登特父母的见证下，两个人在浪漫的烛光照射下，结为夫妇。在这一天，格兰特在西点军校的同学，詹姆斯·皮特·朗斯特里是他的傧相。

一对爱侣心意相通，又能够得到家人和朋友的祝福，对于两个相爱的人来说是最幸福的事。婚礼结束，格兰特和他的新婚妻子一同前往俄亥俄州，看望格兰特的父母、亲人和朋友。那一段时光里，格兰特的心中装满了幸福。

时间是个调皮的孩子，总会偷偷地带走甜蜜的光阴。四个月的假期转眼间结束，格兰特不得不前往纽约萨基茨港的哨所报到，继续他的戎马生涯。四个月后，格兰特前往密歇根的底特律。

当1851年的春风拂起，格兰特所在的部队结束了在底特律的驻防，格兰特跟随部队转移到萨基茨港。过了整整一年的时间，第四步兵团的所有成员前往太平洋海岸。他的生命，跟随着军队不断辗转。无数个夜里，他都在深深地思念着自己爱的人。

新婚的格兰特夫妇如胶似漆，但现实并没有给他们太多的相守时间。夫妇二人商量决定，朱利娅先去俄亥俄州陪伴格兰特的父母几个月，再回到她在圣路易斯的家，随后，找到合适的时机，格兰特亲自去接她。美丽温柔的妻子便在家中苦苦等待爱人归来。

1851年4月，格兰特所在的步兵团在纽约港的总督岛集合。经过三个多月的休整，在7月5日这一天，步兵团的八个连乘船前往阿斯平沃尔。成员不仅包含步兵团的士兵，还有一些军官的家属，一共七百多人，共同乘坐申克上尉指挥的海军俄亥俄号汽船。这次行程并没有给格兰特留下多少愉悦的回忆。

在出发的前一两天，第四步兵团才决定乘坐俄亥俄号汽船，这时，船上已经有很多乘客，再加上格兰特在内的七百多人，可以想象到，在7月份的热带地区、拥挤的船只上，是多么痛苦。

格兰特在汽船上忍受了八天的时间，俄亥俄号才抵达阿斯平沃尔。七月份的巴拿马地峡地区正值雨季，连绵的雨天，让镇子俨然成了水乡。镇子里的街道上随处可见的是八～十英寸深的水。为了通行，人们只好想办法垫起一个临时过道。这里气候十分炎热，随时都有可能下一场大雨，这样恶劣的气候环境，让格兰特费解，为何还有人想要在这样的环境下定居。

在1852年的夏天，工人们才修建好通往穿越查格雷斯河的巴拿马铁路，在这个地方，乘客们乘坐小船前往戈尔戈纳，再从戈尔戈纳骑二十五英里的骡子到达巴拿马。

这个时期的格兰特担任着团里的军需官，他不仅负责管理公共财物，还负责一路上的交通。经过协商，格兰特和船运公司签订了合同，船运公司负责把格兰特所在的团从纽约运往加利福尼亚，合同里还包括中途在巴拿马地峡的转运工作。

按原定计划，每位成员可以携带一定重量的行李，军官和伤员可以有自己的坐骑。为了照顾随军家属，团里面还另外派了一个连的士兵，兼顾照看宿营和驻扎用品，剩下的部队成员乘船前往戈尔戈纳。到达戈尔戈纳，再步行到巴拿马，在那里他们将登上停在海湾的汽船，继续行程。

职位的原因，让格兰特和一个连的士兵们留了下来，他们被送到了一个叫作克鲁塞斯的小镇上，这个镇子离戈尔戈纳有几英里的距离。在这里，格兰特见到了船运公司的人，合同里规定，船运公司的工作人员应该按照物品和坐骑收取一定的费用。但是，格兰特没有见到一匹用来运输的骡子。工作人员向格兰特承诺，第二天一早就能看到骡子，到了规定的时间，这个工作人员又让格兰特等待。在等待时，格兰特发现，合同中规定的价格，根本弄不来足够的骡子，有的人用了40美元才租到一只可以赶25英里的骡子，要知道，在当时买一只骡子只需要10美元。屋漏偏逢连夜雨，这个时候，霍乱盛行，每个小时都有人因为霍乱死去，基于这个原因，格兰特下令，没有染病的上尉和士兵跟随军医一同离开，格兰特则留下来照顾患病者和随军家眷。

格兰特等人在克鲁塞斯待了整整一个礼拜，才等到交通工具。这七天的时间是如此漫长。在这段时间里，格兰特的同伴，已有三分之一死亡，他们不是死在了克鲁塞斯，就是死在了去巴拿马的路上。看着身边一个个生命逝去，让格兰特心中无比沉痛。

由于克鲁塞斯当地没有运输承包商的任何代理人，因此交通工具如何解决就成了让格兰特头疼的事情。经过再三考虑，格兰特决定和运输承包商解除合同，提高一倍的价格，和当地人进行交易，这样，格兰特一行人才顺利到达巴拿马。

这段路程，耽搁了格兰特六个星期的时间，再加上霍乱肆虐，部队还要等待。将近9月份，疫情才得到控制。这时，格兰特等人终于可以启程，在前往加利福尼亚的路上，疫情没有再反复，9月份，部队终于到达旧金山。

虽然这段时间让担任军需官的格兰特有些焦头烂额，但还是发生了一件有趣的事情。在巴拿马海湾内停泊的时候，格兰特所在的团有一个中尉叫作斯劳特，他总是晕船，即使是看到侍者铺桌布引起的桌布波动，都会感到头晕。从西点军校毕业后，斯劳特中尉接到命令，前往加利福尼亚，他乘坐帆船，准备绕过合恩角。在这过程中，他一直在晕船，到了目的地，斯劳特已经深受晕船的痛苦。

抵达加利福尼亚，斯劳特接到命令，让他前往北方湖区，这一次，斯劳特选择走巴拿马地峡返程路线，当然，他仍旧晕船。可是，颇具戏剧性的是，当他到达美国东海岸的时候，再一次接到命令，重新前往加利福尼亚。

这一次，斯劳特和格兰特一同前往，这已经是他近期第三次去加利福尼亚了，斯劳特把晕船进行到底。一路上，格兰特只见到他一种表情——坐在桌前，双肘撑桌，双手托住下巴，脸上满是痛苦与绝望，十分后悔当初没有听从父亲的建议——参加海军。也许，命运让晕船的他离不开大海。

格兰特十分同情这位斯劳特中尉，他是一个可怜人，虽然被晕船的痛苦折磨了一个多月的时间，可是，这是他人生中最后一次航海，不久后，在俄勒冈，他死于印第安人之手。

3. 从中尉到上尉

当墨西哥战争进入尾声的时候，墨西哥城被攻占，格兰特所在的部队进入墨西哥城内，很多人都被冷枪击中受了重伤。这时候的墨西哥城已然呈现出空城、死城的状态。除了像格兰特这样的美国士兵或军官，只有那些躲在房顶、窗后，或者是街角等地方的墨西哥人，他们会时不时地射出冷枪，让美国士兵防不胜防。格兰特所在的团的加兰中校、第四步兵团的西德尼·史密斯中尉就是被冷枪所伤，其中，西德尼·史密斯中尉受伤十分严重，过了几天，因伤势过重去世。因此，格兰特被晋升为中尉。

对于美国军队来说，攻占墨西哥城，同样损失不小，在和墨西哥军队的每一场战争中，格兰特所在的团都会损失几位军官。尽管如此，美国军队还是在这次战争中占了便宜。对于墨西哥战争的胜利，格兰特本人也做出了总结。

格兰特在这场战争中学会了很多实战经验，他也懂得了两件事，在他的自传中，格兰特称之为"一是事后诸葛亮好当，二是无知者无谓"。这两点总结，他是基于斯科特将军的作战经验得出的。

对于墨西哥战争本身以及它的方式，斯科特将军是否赞同，格兰特并不能准确地说出答案，但是他可以十分肯定地说，斯科特将军对于这次战争的指挥，完全是他本人对于军人精神的解读，以及对于个人名声的考虑，斯科特将军的这种做法，很好地诠释了"在其职谋其事"这句话。斯科特将军认为，无论哪一次战争，最终解释权都是当时的政府，而他，虽然是部队的指挥，也只是尽自己的职责，如此而已。

对于外界的指责，斯科特将军做出回应的唯一方式，是战争的结果。侵入人口众多的墨西哥，深入到二百六十英里的敌人腹地，敌军的人数永远要比自己率领的部队人数多一半，没有优于敌人的防御工事，更没有属于自己的根据地，重重困难的强压下，斯科特将军仍然取得了每次战斗的胜利，不仅攻下了敌军的首都，更征服了敌军的政府。

另外，同样让格兰特感到吃惊的是，不仅是斯科特将军，泰勒将军也同样如此，即使碰到在人数上远远多于自己军队的敌军时，他们采取的策略惊人的相同，把自己为数不多的士兵分为四个小队，每个小队间隔一天时间出发。

最初，格兰特认为两位将军采取的策略出发点在于，如果队伍在同一时间都挤在一条路上行军，再加上军需物资以及武器，是不太可能的。但很快，经历了南北战争，格兰特否定了这个想法。

无论是斯科特将军的部队，还是泰勒将军的部队，都有一个共同的特点——很难把他们集中起来。泰勒将军指挥了帕洛阿尔托和雷萨卡德拉帕尔马战斗，泰勒的部队规模很大，这些士兵，无论职位高低都是正规军，接受过良好的军人职业教育，训练有素，再加上在军营、驻守阵地让军官和士兵都有着很好的实战经验。后来参加战争的各路志愿军，在物资装备上要好于正规军，只是他们没有接受过正规的训练。即便如此，在和正规军的接触过程中，他们表现得仍旧非常自信，发挥了战争中应有的优秀品质。在这一点上，格兰特一直持敬佩的态度。

和美国军队不同，墨西哥军队的士兵谈不上组织性，更没有接受过正规的训练，他们都是从社会底层中随便拉来的。他们食不果腹、衣衫褴褛，所得的报酬完全不能维持正常的生活，即使是一些军官，他们的待遇和普通士兵比也好不了多少。等到不需要他们的时候，这支军队便会随意解散。

格兰特对两支军队进行了对比，他惊讶地发现，虽然在战场上打拼的都是普通士兵，但实际上，将领的策略占了极其重要的作用。和斯科特、泰勒两位将军不同，墨西哥的将领在指挥策略上很失败。由于缺乏作战的经验，抵抗一段时日后就自动撤退。格兰特觉得，墨西哥军撤退的原因不在于受到重创，而是将领们认为他们付出的抵抗已经足够给美国军队点颜色看看。

"宠辱不惊"是格兰特一直以来的处事原则。对于墨西哥战争的胜利，他不想找一个纪念日庆祝，而对于未来有可能遭遇的失败，他更不愿意当成一种耻辱来向上帝祷告。所经历的战争，他只是把它当作是曾经发生过的事实来看待。

美国军队从墨西哥境内撤出，格兰特作为军需官，带领着随军家属和军需物资一同前往旧金山。这个时候的旧金山，是一个十分让人喜爱的地方，它正值淘金热的鼎盛时期，一片热闹繁华的景象。

每天都有汽船在旧金山、斯托克顿和萨克拉门托之间往来。

汽笛鸣响,交织奏响了一曲曲繁华的乐章。南方矿区的乘客从斯托克顿到旧金山,而北方矿区的乘客则是从萨克拉门托到旧金山。当时,旧金山只有一个码头,被人称为"长码头",来自南北方的乘客登上了旧金山的土地,长码头立刻"活"了起来,俨然给世人展现出世间百态来。

当夜幕降临的时候,是属于"长码头"的时间,从矿上带出来的"土"成了交易的抢手货。交易成功的矿工们也可以享受一下这美妙时光。

除了矿工以外,长码头里有一些旅馆、寄宿公寓的拉客者,他们寻找的顾客,不仅仅是矿工,还有一些来自于外地的冒险者。在长码头待的时间长了,就会发现,这些冒险者大都衣着讲究,大方得体,尽管基本上他们都身无分文,但可贵的是,这些人有一双犀利的眼睛,他们在努力分辨哪些是有钱人,并通过一张巧嘴,让这些有钱人心甘情愿地请自己吃顿饭,进而找一个赚钱的差事做。

这类人通常来自富裕家庭,接受过良好的教育,培养出了绅士风度,但是成年后,由于父母不再供养,很多这样的年轻人都前往旧金山这个太平洋沿岸城市,这种情况在1849年到1853年之间十分普遍。

当时很多人认为,旧金山的黄金遍地都是,只要来到这里,需要做的仅仅只是弯下腰,便可获得不菲的黄金。然而事实上并非如此。虽然有人达成所愿,但这也属于极少数的特殊情况,更多的人则是跌进了失望的现实中,让自己躺在了无名墓群中。

格兰特认为,处于开拓时期的加利福尼亚最磨炼人们的意志与性格。想要来到加利福尼亚,在当时来说并不是一件十分容易的事情——路程不仅遥远，付出的代价则要更高。一些幸运的人，绕过合恩角，或者穿越巴拿马地峡，绝大多数人则选择跟着牛车队伍穿越茫茫的大平原。最终，到达目的地的人们精疲力竭，耗尽了所有的财物，他们已经算是幸运的了，还有很多人在通往加利福尼亚的路上就已经付出的昂贵的代价——生命。

前往目的地的过程很痛苦，如果最终结果是美好的，很多人还能够接受。但事与愿违，幸运地来到这里的人们很快发现，即使变卖掉身上的所有物品，也并不能让他们在加利福尼亚维持多久，这不免让人灰心丧气。

在来到加利福尼亚之前，很多人都专门地学习过某些专业，很少有人从事过体力活儿。但是，在加利福尼亚的日子就与之完全不同，之前所学的专业完全派不上用场。在这里，只有搬木头、送砖块、运泥灰、赶驿车这样的体力活儿等待着他们。

悲欢的故事在这座城市里不断上演，格兰特只是这座城市的匆匆过客，格兰特所在的团在本尼西亚军营驻扎了几个星期后，移师哥伦比亚河上的温哥华堡。在这段日子里，格兰特所在的团免不了和当地的印第安人打交道。在当时的温哥华地区，还存在一些印第安部落。早在美国政府在太平洋沿岸建立"影响"的很多年前，哈得孙湾公司的贸易站点就已经控制了整个西北地区，格兰特所在的团到达那里的时候，哥伦比亚沿岸还有很多站点，温哥华堡就有一处。

此时的印第安人，不仅学到了西方现代文明的美德，也从白人那里学到了大量的恶习。更为严重的是，印第安人的灾难——麻疹和水痘，这两种对于他们来说致命的疾病同样来源于西方人。

在白人没有来到这里之前，困扰印第安人的疾病大都是由于长期吃不到食物、追赶猎物的时候剧烈运动以及得到猎物后的暴饮暴食所引起的，总的来说，都与食物有关。日子久了，印第安人总结出自己的一套办法来抵制这些疾病。

格兰特在那里的一些日子，他曾听闻，一支印第安人的部落因为水痘这种疾病而灭绝，与之临近的另一支印第安部落的人数也因此大量消减。在当时，只要患了这种疾病，等待印第安人的只有死亡，没有威胁部落其他人员的生命安全已经算是万幸。

哈得孙湾公司的一个医生一直关注此事，水痘这种疾病对于印第安部落的破坏力才得以控制。后来，这位医生在当地成立了一家医院，专门接受此类病人，在这家医院治疗过的病患都最终得以康复。由于医院距离格兰特部队所在的营房很近，因此，格兰特经常能够看到印第安人被疾病夺去生命的事情。虽然，战争使他见惯了生命的来去，但是对于生命他始终心存敬畏。

1853年7月5日，副官长部的一位叫作布利斯上校的人病逝，格兰特因此得到了一次晋升为上尉的机会，指挥驻扎在加利福尼亚洪堡湾的一个连。晋升后一个多月，格兰特接到通知，到新的连队报到。

要想到达洪堡湾，格兰特需要从旧金山乘坐一种运木头的帆船，这种帆船是当时洪堡湾和外界联系的唯一交通工具。

在旧金山待了几天的时间，格兰特才等到了前往洪堡湾的帆船，在这几天的时间，格兰特体会到了此时的旧金山和以前的旧金山不同之处。那时候的旧金山，只有一座码头——长码头，而此时，在长码头的位置上，已经建满了大大小小、等待装修的房屋和街道。由于城市建设的不断扩张，城后的沙丘上堆满了用来填充房屋街道以及海湾的各种物料，如今，城市的商业中心地带已经处于坚固的地块上了，整个城市显得沉稳而井然有序，到处都是一片蓬勃发展的气象。

4. 无奈退役

当格兰特所在的部队驻扎在太平洋海岸的时候，他的家人——妻子与两个孩子，仍然住在东部，他们就如此远远地相望。1853年9月，已经在哥伦比亚兵营驻扎了一年时间的格兰特晋升为上尉，前往加利福尼亚州亨博尔特的亨博尔堡报到。在这里，格兰特拥有指挥一个连士兵的权利。

这次晋升之后的经历并没有给格兰特带来多么美好的回忆，在这段时间里，他遇到了一位名叫罗伯特·布坎南的中校，他是格兰特的新上司。进入西点军校本不是格兰特自己的选择，军队生活的枯燥无聊更是让格兰特感到厌烦，作为顶头上司的罗伯特·布坎南中校处处与之作对，使得格兰特的意志消沉，这个时候，格兰特选择了一种不太明智的做法来于现实对抗——沉溺于杯中之物。有很多低级军官选择了与格兰特相同的办法来消除自己的忧愁和烦闷。

在一段时间内，格兰特俨然成了远近闻名的酒鬼。罗伯特·布坎南中校大为恼火，多次因此事对格兰特加以斥责，可格兰特依旧如故。罗伯特·布坎南中校不得不让格兰特签了一份还没有署名的辞职信，声称如果格兰特再沉溺于酒精中无法自拔，格兰特的军队生涯也将随之结束。

1854年4月11日，格兰特再次酒醉，罗伯特·布坎南中校履行了诺言——让格兰特脱下已经穿了15年的军装，成了一名普通的百姓。

在退役之前，格兰特曾经尝试了很多种赚钱的办法，但是都没有成功。格兰特所在的部队驻扎在太平洋海岸的时候，当地的物价贵得惊人。即使是部队的军官们，只靠自己的薪水是无法在当地生存下去的。基于这一点，军官们得到一项特权——可以按照新奥尔良的批发价从军需官那里购买需要的东西。军官们的薪水少到无法想象，格兰特在他的自传中写道，"用上尉的薪水都请不到一个厨师，厨师比上尉赚的薪水高。"格兰特与其他几个军需官在驻扎地种植了一些农作物，这些农作物既可以自己食用，剩下的还可以卖掉。

思前想后，格兰特决定种植马铃薯。不幸的是，由于山上的积雪融化，哥伦比亚的河水上涨，河水漫过河堤，格兰特种植的四分之三的马铃薯都因此烂在地里。这次失败的经验告诉格兰特，退役后的他，面临的将会是最紧迫的生存危机。

1854年夏季即将结束的时候，格兰特与思念已久的家人团聚，因为参军的缘故，格兰特没有机会见到他在穿越巴拿马地峡时期出生的儿子。此时，格兰特已经处于而立之年，虽然战场暂时不需要他，但是此时，他的家人需要他，需要他对生存做出努力。

格兰特的妻子在圣路易斯有一个农场，于是，格兰特一家前往圣路易斯寻求生存的机会。格兰特在农场中修建了一栋房子，把它作为全家人的安身之所。格兰特努力撑起这个家，卖力干活，从来不会因为天气的原因而停止工作。闲暇之余，格兰特还会赶着装满草料的车到城里寻找合适的买家。然而，在当时的社会环境下，即使工作再努力，格兰特也只是实现了一家最基本的生存目标。

1858年，格兰特患上了疟疾，疟疾引起了高烧使他饱受折磨。小时候，格兰特就饱受疟疾的折磨。虽然这种病并不至于让他长期卧病在床，但是由于身体虚弱，格兰特工作量也就随之减少了。病痛折磨了他一年多的时间，这一年的时间，这一家人尝尽了辛酸和苦难。

1858年的秋风萧索地飘过，格兰特一家的生活也是一片萧索。无奈之下，格兰特只好放弃了农场的经营，并把农场中的牲畜、农具以及囤积的粮食全部卖掉。

时光辗转，一转眼就到了冬天，为了谋得生路，格兰特和哈里·博格斯合伙开了一家经营房地产代理业务的公司。格兰特的合伙人是朱利娅的堂兄。整个冬天，格兰特都是一个人在圣路易斯生活，照看生意。直到第二年春天到来的时候，他才把妻儿接到城里生活。

公司的成立之初，他们都带着满满的希望，但是却并没有改善格兰特一家的经济状况，很快，格兰特发现，公司的生意没有好到需要两个家庭来照顾。同时，收益也根本养活不了两个家庭的成员。于是，格兰特决定退出。

还算幸运的是，在公司运营期间，格兰特被推荐为县工程师职位的候选人。县工程师是一个让人尊敬的职位，而且报酬十分丰厚，格兰特十分感兴趣。县工程师这个职位是由县法院委任，那个时候，当地的县法院只有5个成员，格兰特的一个竞争者，是移居市民，因此，出身背景上的优势让那个人得到了县工程师的职位。格兰特心中的期待也就落空了。

命运步步紧逼，在走投无路的情况下，格兰特只好带着家人移居到伊利诺伊州的加里纳，在父亲和弟弟经营的皮鞋厂里当店员。这段时光也成为格兰特人生中最不得志的时期。每日里，他的心情极为低落，眼神涣散没有斗志。就连他的父亲——老格兰特也有些颓丧地认为"是部队生活毁了他的儿子"。

也有人认为，格兰特最初是因为与朱利娅的感情而放弃了部队生活，在经历了人生中最不得志的时期后，又是朱利娅的鼓励让格兰特重返军队。同样的原因，造就了格兰特日后的功成名就。

在与父亲和弟弟生活的这段日子里，格兰特完成了人生中第一次在总统选举活动中投票的经历。

格兰特虽然是一名辉格党人，但是由于在获得少校军衔之前，一直在部队生活，也从没有考虑过政治，更没有机会行使自己作为美国公民投票的权利，辉格党就已经消亡了。此后，有的辉格党人加入了美国人党，有的转入了一无所知党，格兰特居住的地方正好有一个美国人党的支部，格兰特被邀请加入，这种经历对于他来说是第一次，也是唯一的一次，在此之后，格兰特没有参加过别的会议。

对于这次经历，格兰特不认为自己的做法有什么偏差，他觉得，无论是土生土长的美国人，还是那些志愿加入美国国籍的人，都应该保护自己在美国的权利。虽然，每个政党在成立之初都会宣扬他们的动机和纲领是如何的纯洁，对于国家又是如何的热爱，但实际上，对于一个国家来说，任何拥有秘密性质的、属于自己的誓言的政党都是极具危险性的。如果一个政党内部出现了和自由思想与宗教信仰相背离的里程碑事件后，这个政党也就失去了存在的价值。

格兰特想到了自己参加墨西哥战争的时候，出现了一些废除奴隶制的拥护者，小到地方治安官的选举，大到美利坚合众国的总统选举，他们都把自己对于奴隶制度的憎恶加入进去。

在墨西哥战争爆发之前，美国境内对于奴隶制度的态度上存在两种不同的声音。北方不存在奴隶制，当然，这里的人们也大都是反对奴隶制的，他们认为，奴隶制的存在，是一种极为不幸的事情。但在这个时候，无论哪个党派都没有专门的口号反对奴隶制度。而在墨西哥战争爆发以及后来对德克萨斯州的吞并行动中，在反对奴隶制这个问题上出现了"不可避免的冲突"。

1856年的总统选举，是格兰特第一次有机会参加的选举。在这次选举中，选民们的政党意识得到了加强。南方及其周边的各州认为，共和党不仅不赞成奴隶制的扩长，还主张无条件地废除奴隶制，在此期间，奴隶主得不到任何的补偿。很多人都因此相信，解放和社会平等画上了等号。格兰特清楚地知道，事实并非如此。如果共和党人在这次选举中胜出，也就意味着蓄奴州的脱离与背叛指日可待。基于这个原因，格兰特希望新的总统会是一个可以阻止或推迟蓄奴州脱离的人。格兰特经历了墨西哥战争，他知道，战争存在太多的变数，他不愿再看到自己的国家再次被拖入战火之中。

格兰特是多么希望这个时候能够有人让蓄奴州没有脱离联邦的借口，他更希望这个时候的美国民众能够平复下激动的情绪，这样才可以避免灾难。最终，共和党竞选成功，文明世界得到了胜利。

在这次胜利中，南方的四百万黑人得到了解放，他们不再是代表他人财产的一个符号，子女也可以自由出入学校，拥有投票的权利。当然，有些人仍旧有权和黑人保持距离。

对于格兰特来说，表面上他是一个为了养家糊口，而拿固定工资的人，事实上并非如此。此时，格兰特已经走出了人生的低谷，他的地位也发生了变化。格兰特的父亲并没有在加里纳居住，格兰特一家鞋店的生意都是由格兰特的两个弟弟负责。

自从格兰特带领妻儿来到加里纳之后，老格兰特彻底放手，把生意交给了三个儿子。可是，真正把生意做得有声有色的那位兄弟不幸患上了痨病，身体日渐虚弱。在这位兄弟去世之前，格兰特和另一位弟弟决定，对病人隐瞒病情，并让他相信，自己在一天天变好，为了增加说服力，他们决定暂时不在生意上做任何改变。

5. 升职陆军上校

在政府第一次征召志愿军之前，格兰特已经在加里纳生活了十一个月，在这段时间里，格兰特看到了生活的希望，把全部的精力都投入到了生意中去。接触到的所有人，也只限于生意上的往来。

由于在加里纳生活的时间并不算长，格兰特还没有取得该州的居民身份，因此，他暂时没有资格参加投票。很快，选举结束，共和党胜出。

共和党的胜出，对于西北部的绝大多数人，或者说整个北方的人来说，代表的是当前的形势异常严峻。人们纷纷议论，共和党的胜出，会不会给维护"神圣"的奴隶制度的南方一个脱离联邦政府的合理理由。

对于严峻的当前局势，格兰特曾经认真地分析，他认为，当时美国政府的奠基人，绝大多数都认为殖民地各州的联邦是一种尝试。每个殖民地州都认为自己是一个独立的政府，联邦政府的职责只是让自己免遭外敌的侵犯，防止联邦成员州之间的冲突与争斗。

然而，计划总追不上变化的脚步，当殖民地各州相继承认宪法后，情况发生了变化，并且，随着宪法被不断地修订，这种变化产生的问题也随之越来越大。倘若一个殖民地州在承认宪法后仍然有退出公约的权力，那么，新成立的州，将不会享受这种权力。像佛罗里达州或者密西西比州以西的各州，它们都是耗尽国库才买下来的，从来没有享受到这种权力。再比如，德克萨斯州是在被吞并后才加入美国政府的，在此期间，消耗了大量的财力、人力和物力，同样，付出了血的代价。如果德克萨斯脱离美国政府，它将会背上忘恩负义的恶名。如果分裂正在进行，根据地理位置划分，德克萨斯十分有可能加入南方阵营。这个例子只是为了说明脱离对于当前美国的形式，既不符合逻辑，又不现实。比较合理地解决当前问题的方法应该是革命。

革命是人们与生俱来的权利，当人们受到政府的压迫时，他们有权利摆脱压迫。当这些人的力量强大的时候，他们也许会脱离政府的统治，也许会推翻政府的统治。重新建立一个新的政府。当然，在这个基础上，他们的结局可能是胜利，更有可能在生命、财产等方面的安全产生危机时接受镇压者的条件。

对于美国南北战争，格兰特认为南部所做的最失策的一件事，是没有很好的态度来向人们展示自己的观点，而是用一种"别烦我们，宪法没有赋予你们干涉我们的权力"的态度，北方人认为这是南方奴隶主的叫嚣，事实上也的确如此，个人也许可以无视宪法，但是国家本身则要坚决遵从宪法的规定，并且要严格加强这种统治工具的建设，这是毋庸置疑的事实。

1860年至1861年之间的冬季，格兰特无时无刻不在关注着紧张的局势。在这段时间里，他在地北地区到处做生意。那里的很多小镇子上都居住着格兰特的客户。他们都知道格兰特有参加过墨西哥战争的经历，因此，无论格兰特到了哪里，客户们都会到他所下榻的旅店里讨论国家未来的形势发展。格兰特坚信，如果如前面所说，南方的态度能够公正而平静，没有做出任何威胁性的言辞或举动，那么，在1860年和1861年南方绝大部分公民的态度是反对分离的。但是，南方人把北方人比作是胆小鬼、懦夫，并且认为，在战场上，一个南方人可以抵得上五个北方人，只要南方人起来维护自己的权利，北方人一定会溃不成军。诸多的言论，促使南北方加速分离。

1861年3月4日，亚伯拉罕·林肯就任美国总统，他发誓维护国家统一，抵御一切敌人。这个时候，南方各州脱离联邦政府，共有十一个州分裂出去。南方邦联政府宣称自己是外国，因此不需要受到美国宪法的保护。联邦政府当然不承认南方的这种说法，萨姆特堡遭到袭击后，林肯总统发出了第一次征兵令。美国政府将招收七万五千名士兵，服役期为三个月。人口超过百万的北方各州迅速按照配额的要求招收齐备，武器马上到位。

在招募志愿者的法令达到加里纳之后，加里纳的民众沸腾起来。政府张贴布告，要求全体市民在晚上到法院开会。城里的所有生意停止，加里纳城内的党派纷争也在这个时候消失殆尽。公民们群情激奋，下定决心让侮辱国旗的人付出代价。

虽然格兰特在这里居住的时间并不算长，但是由于他参加过墨西哥战争，因此集体推荐他为主持人，号召民众加入志愿者的行列，组建一个连的兵力。很快，一个连的士兵召集完毕，军官及非委任军官也在选举中产生出来了。在投票之前，格兰特谢绝出任上尉职位，但他声明，绝对会尽力协助这个连的工作。格兰特估计，如果战争爆发，他很有可能到其他部队任职，因此，这次会议后，格兰特没有回到皮革店收拾行李。

志愿者应征后的第二天，全部成员到达集合地点，格兰特负责整个连，将他们分成了若干个班，带领志愿者进行操练。后来，格兰特和这些志愿者一起，前往斯欧林菲尔德报到，直到这个连队被编入伊利诺伊支援步兵第十一团。

这时，格兰特结束了他的任务，准备乘坐当晚九点的火车赶回加里纳的家，这个时候，格兰特还不知道，有人把他推荐给了耶茨州长。

在此之前，格兰特经常能和耶茨州长在他下榻的旅店的餐厅偶遇，只是没有机会坐下来好好谈一谈。在格兰特准备离开的当晚，他马上要走出门口的时候，耶茨州长叫住了格兰特，表达了他希望格兰特再留一晚的建议。格兰特只好暂时取消了自己的计划。到了第二天一早，格兰特接到通知，希望他能到陆军副官署报道，为战争尽一份力，格兰特接受了这份工作。

格兰特很高兴，似乎退役后的郁闷一扫而光。虽然他没有做过政府的职员，也没有此类专业的技术，但是，在战场上，他做过军需官和副官，对军队中的各种表格以及所有的事都十分了解。在部队的经验有了用武之地。

林肯总统发布第二个征兵令，召集三十万人入伍，服役期三年，或者参加战争。此时，格兰特并没有在加里纳。

加里纳州召集士兵进入联邦政府队伍，在这之前，由这些士兵组成的团已经具备各级军官。加入联邦政府队伍之后组织机构基本没有变动，只有两个团——芝加哥兵团，也就是当时的第十九步兵团。这两个团原本已经经过推荐产生了一个非常年轻的人担任陆军上校，由于即将打仗，所以需要一个有部队经验的长官带领这两个团。这两个团被上级要求重新任命一位陆军上校，原来的上校做中校。格兰特得到了这次机会，州长任命他为该步兵团的上校，营地驻扎在距离斯普林菲尔德不远处的草地上。

团里的士兵绝大多数都是年轻人，有着很好的家庭背景。是农场主、律师、医生、政治家、商人的后代，而另外一些人年龄稍长，他们甚至做过上述的职业。事实证明，经过选举出来的年轻的上校，很有可能任其自由发展，甚至会把正在岗位上的士兵们带出去玩一个通宵，接到打仗的通知后，团里的士兵觉得应该有另外一个有经验的长官来指挥他们。

格兰特接手后，仅用了几天的时间，他发现，如果想让这些人服从命令，是一件颇为困难的事情，虽然绝大多数的士兵有遵守纪律的意识，但需要使用一些常规的军队惩罚才会让他们达到标准。

　　格兰特带领他的两个团一直在斯普林菲尔德驻守,直到7月3日,格兰特接到命令,前往伊利诺伊州的昆西。这个时候,格兰特带领的团纪律良好,而且训练时的情绪也很高昂,虽然出发地和目的地之间有直达的铁路,格兰特却放弃了这个选择,他决定让部队步行前进,因为这对他们来说是一个很好的训练机会。

　　格兰特并不急着赶路,每天采取正常的速度行军。当渡过伊利诺伊河的时候,格兰特接到一封来自于上级的急信,信中命令格兰特部队的目的地改为位于密苏里州的艾恩顿,并派遣了汽船来接他们的队伍。汽船从伊利诺伊运河开来,准备把他们送到圣路易斯。这个时候,出了一个小插曲,汽船在离部队营地几英里远的沙洲搁浅,等到汽船脱离沙洲的时候,已经是几天之后,格兰特接到一个消息——隶属于伊利诺伊的一个团在汉尼拔与圣桥铁路附近的一个据点被南方军队包围,格兰特得到命令,前往解救驻守在这个据点的将士们。格兰特的部队驱车前往,用了几个小时就到达了那里。

　　格兰特后来回忆,当自己离昆西越来越近的时候,根本没有任何惬意的感觉,更谈不上兴奋。如果在这支队伍中,他只是一个中校,上校的位置由另外一个人担任,那么,他就不会有这种被称之为"惊慌"的感觉了。

　　格兰特准备在昆西渡过密西西比河的时候,发现被南方军队包围的那个团已经向周边的城镇方向四散而去,格兰特松了一口气。他觉得,导致这种情况的发生,也许是因为双方军队都有不同程度的害怕。

　　格兰特带领部队在昆西等到第十九伊利诺伊步兵团前来接防。格兰特前往一个名叫佛罗里达的小镇,托马斯·哈里斯上校的军队驻扎在那里。当地人烟稀少，自然也没有办法弄到交通工具来运送物资。格兰特花了几天的时间才找到足够的车马以及赶车的人。

在为转移作准备的时候，格兰特很舒心，没有任何的心理压力，但是，当上路以后，这种心情就消失得无影无踪。格兰特看到沿途的居民早已弃家逃走，心里很不是滋味，总路程为二十五英里，格兰特只看到两个骑马的人，除此以外，即便是老人或者小孩的影子都看不到。

格兰特下达命令，让部队保持队形，严禁随意闯入百姓的家中，夜晚的时候，只能把营房驻扎在路上。

哈里斯上校把营地驻扎在河边低地上，那里靠近水源，小河的两边都是一百多英尺高的山丘，连绵起伏，始终望不到尽头。格兰特在想，当队伍爬到山顶的时候，会看到哈里斯上校的士兵已经准备好迎击自己，一想到即将面临的战斗，格兰特觉得自己的心都要提到嗓子眼了，他有些打退堂鼓，但是，作为一支队伍的将领，退缩也需要极大勇气。

格兰特只好让队伍先爬到山顶，此时，整个山谷尽收眼底，他惊奇地发现，哈里斯扎营的痕迹清晰可见，但是部队已经撤走。此时，格兰特终于放下了一直悬着的心。这个时候，格兰特终于明白了一件事，他害怕哈里斯，而哈里斯同样害怕他。这是格兰特从没有认识到的一件事，从那一刻起，格兰特一直把它铭记于心，在以后的日子里，每当与敌军作战的时刻，虽然在某种程度上，格兰特还是会有些焦虑，但是却不再那么害怕了。这一次的经历，对于他来说更是一次心灵上的历练。

6. 将星闪耀

格兰特接到上级的命令，前往墨西哥镇。当时，整个密苏里州的部队是由波普将军指挥的，总部就在墨西哥镇。格兰特被派去那里指挥相邻的分区，包括三个步兵团与一部分炮兵。

格兰特到达墨西哥镇的时候，有两三个团已经到了那里，格兰特发现，这些士兵的脑子里似乎没有纪律的概念。经常到农户家中蹭吃蹭喝，更为严重的是，他们还向当地居民勒索财物，每次离开军营的时候，无论遇到的是贫民还是其他人，都要逼迫他们发誓效忠联邦政府。这样的行径无疑是十分野蛮的。

这些士兵的做法完全背离了格兰特管理军队的理念，于是他下达命令，严禁士兵擅闯民宅，除非接到当地居民的要求，严禁以各种名义侵占他人的财物，一经发现，将严惩不贷。

从这以后，再也没有发生部队士兵骚扰居民的事情，格兰特的部队逗留期间，受到了当地居民的最高赞誉。

格兰特刚刚进入墨西哥镇没有多久，他在一份报纸上看到一则消息称总统要求伊利诺伊州的国会代表团推荐一个人担任准将。格兰特成了被推荐人选中的一员，为此，他感到十分惊讶。格兰特并不认识当地的国会议员，更不知道自己做过什么伟大的事迹能够让他获得这么多的信任。格兰特不知道的是，酒香不怕巷子深，千里马终究会与伯乐相遇。格兰特看到这则消息的第二天，其中写着他的名字的申请就被递交到当地的参议院，不久，格兰特成为一名准将。

格兰特得到任命后，做的第一件事，是为自己挑选一位副官——C·B·拉戈中尉，他来自于格兰特曾经指挥过的团，另外，格兰特又选择了一个年轻人做他的副职。

升任准将后不久，格兰特前往密苏里州的艾恩顿，奉命去指挥那个地区。艾恩顿位于艾恩山的铁路线上，在圣路易斯以南大约七十英里的地方，周围小山环绕，山虽小，却很雄伟。在格兰特接手这个地区之前，一直是B·格拉茨·布朗上校在指挥。后来，这位布朗上校成为密苏里州的州长，1872年，他又成了副总统的候选人。

在布朗上校指挥的这支队伍里，一部分士兵的服役期是三个月，格兰特前去接任的时候，已经超期一段时间了，再看看这些士兵的衣服，早已经破旧得不像样。

更重要的是，在艾恩顿以南二十五英里的格林维尔，一支由哈迪将军带领的南方军队正在虎视眈眈地蹲守在那里，随时有可能对艾恩顿发起攻击。据说，那支军队足有五千人之多。在这种情况下，布朗上校的这支队伍士气实在不怎么高涨，如果这个时候有一支骑兵队伍冲进山谷，那么布朗上校的队伍很有可能被全部俘获。格兰特的出现，解决了布朗上校的燃眉之急，交接过程在一个很愉快的氛围中完成。格兰特的上任，不仅送走了愁眉苦脸的布朗上校，而且也把服役期满的士兵们的问题给解决了。

格兰特用了十天的时间，充分了解了艾恩顿的具体情况，在这之后，格兰特准备对格林维尔的敌方军队发起军事进攻。在做好了充分的准备工作后，他预备亲自出马指挥这场战斗，然而，B·M·普林斯顿将军的到来让这次作战计划搁浅。

格兰特奉命前往圣路易斯的杰斐逊市，指挥那里的部队。格兰特似乎总是在处理问题，他来到杰斐逊市，发现这里的军队极其混乱，当地的部队由马利根将军指挥，但不可思议的是，没有任何一个人能准确地描述出部队的具体位置。

格兰特发现，志愿军竟然获得自由招募军人的授权，在他看来，这个权利的由来值得商榷。而且，虽然马利根将军十分勇敢，也为战争做了很多贡献，但不能否认的是，他没有接受专业的军事训练，更不知道怎样保持部队的纪律，在他的默许下，志愿军的各级军官根据他们的需要随意招募士兵。城里都是粘贴着征兵布告的征兵站，用词粗鲁。

混乱征兵这种状况，急需新上任的格兰特解决，另外，在杰斐逊城里，来自南方的难民随处可见。游击队把这些难民赶到联邦部队中寻求避难，通常情况下，他们都是赶着为数不多的马车或牛车，车上只有一些生活必需品——衣服、食物、被褥。在这段时间里，北方当地的居民，如果不能得到联邦政府的保护，那么，他们就会和这些南方难民打"持久战"。

对于上面提到的两种令人挠头的情况，格兰特做出了两个决定，一是停止混乱的征兵行为；另外一个则是在市郊布置部队，守卫入城的通道。新官上任三把火，格兰特仅仅用了两招就让杰斐逊城恢复了往日的平静。

联邦政府认为，由斯特林·普赖斯将军所率领的南方军队势必会威胁包括杰斐逊在内的密苏里州的一些中心城市，因此，在格兰特来到杰雯逊没几天，就接到命令，远征这几个城市，把这些城市里银行的资金全部取走，并把它们运送到圣路易斯。格兰特还没动身，在办公室遇到了杰雯逊·C·戴维斯上校。他是来接替格兰特的工作的，并传授来自于军区司令部的口头命令，格兰特被要求前往圣路易斯的军区司令部，接受一份特殊的重要指令。

这份特殊的重要指令，要求格兰特前往密苏里州的东南战区，和圣路易斯南部的所有地区，以及伊利诺伊州的整个南部地区指挥作战。任务要求格兰特率领一支联合远征军，目的是俘获杰夫·汤普森上校。这位上校带领的部队当时被称呼为独立军或者游击队，他出任这支队伍的司令官。密苏里东南地区的领土是他与格兰特的军队发生争端的原因。格兰特接受命令，决定把指挥部设在开罗。在此之前，他在开普吉拉多这个地方建立了临时指挥部。

这次任务的保密工作做得很到位，无论是哪一个环节的指挥官，在杰克逊会合的消息公布之前，都不知道行动的目的，而接下来他们所要接受的新的指令，都被格兰特精心保管，放在自己的口袋里。

后来，格兰特把指挥部搬到了开罗，在他接手之前，指挥部的负责人叫作理查德·奥格尔斯比上校。由于两人在此之前从未见过面，此间还出现了一个小插曲。格兰特晋升为准将后，一直没有收到定制的制服，因此格兰特只好穿着平民服装前往上校办公室。

这个时候，上校办公室里挤满了来自于密苏里州和肯塔基州寻求帮助的人。在这种混乱的状态下，格兰特平静地走到理查德上校的办工桌前，拿起办公桌上的一张纸，写下了命令：我已接管密苏里东南区的指挥权，现命令你前去指挥伯德角。在命令的右下角，格兰特写下了自己的名字。

格兰特把纸条递给理查德上校，他发现，理查德并没有注意到自己的签名，面露惊讶，他看起来十分想找个内部人士验证一下命令的真实性。思忖片刻，理查德上校遵循格兰特的命令，把办公室移交出来。

第二天，格兰特接待了一位不速之客，这个人自称是弗里蒙特将军的侦察员，来自哥伦布。哥伦布地处肯塔基州，位于密西西比河下游二十英里的一个军事要塞。这个侦察员报告，他们的部队已经或者即将要从驻地出发，前往夺取密西西比河进入田纳西州入口处的帕迪尤卡。这不是一个普通的军事行动，与此同时，南方军队的某支部队也有同样的打算。

格兰特给陆军部发电报，汇报这一消息，在电报中，格兰特表示他决定当晚动身，希望赶在南方军队的前面占领帕迪尤卡。

格兰特率领部队乘船前进，开罗距离帕迪尤卡只有四十五英里。一切准备就绪，只差总部的允许。在第一份电报发出去后，格兰特没有收到任何回复。

于是，格兰特又发了一份电报，这次请示同样没有收到总部的任何回复。时间紧迫，格兰特命令部队午夜前动身，预计在第二天一早到达目的地。事实证明，格兰特的决定是正确而英明的，南方军队要晚于格兰特的部队六个至八个小时，格兰特占尽先机。

格兰特的军队进城不久，与南方军队的弗里蒙特将军达成了一份协议——在五月的时候将俘获的杰克逊营战俘交换出去。这些战俘将要经过格兰特的部队在哥伦布的前线进行移交。在格兰特的指挥部，他向招待旧友一般接待了那些熟悉的面孔。

一直到那一年的十一月上旬，占领帕迪尤卡的格兰特部队没有接到重大行动的通知。在这期间，格兰特并没有丝毫空闲的时间，需要做的事情很多，比如加紧军事操练和部队的纪律训练，对于他这样一个做事要求完美的人来说，不能完成本职工作，这是最不能容忍的事情。

在11月1日之前，格兰特的部队已经达到了两万人之多，这支部队训练有素，虽然没有经历过太多的战争，但是信心爆满，时刻准备迎战南方军队。

7. 战场上的落寞

成为军队中的一员，本不是格兰特所希望的，格兰特的每一次晋升，似乎都是在"无为"的前提下完成的，而恰恰是"无为"，隐含着他获取成功的必备要素即坦诚的人格魅力、豁达的人生态度、果敢的决策能力、低调的自我认知和勇于承担责任的优秀品质。

易中天先生曾评价格兰特的戎马一生："只要具有成熟且健康的细胞，之后的分裂及快速发展才成为必然。"虽然英雄人物不可复制，但是英雄人物的行为风范却值得每一个人学习。

在战场上，格兰特如星辰闪耀，他的每一次命令，都有其内在的含义。只是，天不遂人愿，即使如此，格兰特曾经仍然遭受到上级的冷遇，落寞至极。

一直到1862年的2月初，格兰特的部队一直都在为长期作战作准备。这个时候，密苏里军区总司令的职位已经换成了H.W.哈勒克少将，负责指挥阿肯色州，以及东到坎伯兰河的肯塔基西部地区。

南方军队占据了有利地形——密西西比河上的哥伦布到肯塔基的鲍灵格林、米尔斯普林斯一线，并在沿线设立了坚固的防御工事。除此以外，田纳西州沿线的田纳西河和坎伯兰河上的各个重要据点都加强了防御工事。海曼堡和亨利堡是田纳西河上的防御工事，多纳尔森堡则是坎伯兰河上的防御工事。

田纳西河与坎伯兰河相距十一英里，驻守在两条河上的南方军队距离只有七英里。如此严密的防御工事，可以证明南方军队对它的重视程度，同样，这个地区对于格兰特所在的北方军队也同样十分重要。

如果格兰特的部队成功占领了亨利堡，也就意味着北方军队拥有一条连接亚拉巴马州的穆斯科尔肖尔斯的可通航的河流，并且，对于南方军队来说，它就成为一条不可利用的直通路线。

哈勒克少将上任后，格兰特接到了新的命令——协助唐·卡洛斯·比尔准将侦察敌情，阻止南方军队从哥伦布、亨利堡或者多纳尔森给他们的驻军派出增援部队。

在这次行动中，格兰特觉得攻击亨利堡是十分可行，甚至是有十足把握。经过勘察地形，格兰特了解到，海曼堡矗立在一块高地上，居高临下，能够完全控制位于河对面的亨利堡。只要在炮艇的援助下，占领了海曼堡，那么，取得亨利堡的控制权也是信手拈来的事情。

格兰特的想法被来自于史密斯上校的报告证实了它的可行性。

史密斯上校请求上级统一占领田纳西河和坎伯兰河作为他们的军事行动的主线。如果占领成功,南方军队将不得不向东、西方向撤退,只能离开肯塔基州。

在得到命令之前,格兰特请求军区总司令允许自己能够前往圣路易斯,希望得到他的接见,并把自己关于这次行动的作战计划呈上去。

格兰特的观点得到了史密斯上校的证实,更坚定了他认为这是一个重要的军事事务的认知。

最终,格兰特的请求被上级批准,但这个过程实在是有些勉强。对于哈勒克将军,格兰特并不十分了解,即使是在西点军校以及刚刚过去不久的墨西哥战争中,都没有机会与之碰面,更谈不上和哈勒克将军有什么交情了。

会面的过程并不愉快,甚至让格兰特十分落寞,他没有受到热情的接待,更是在没有把来访的目的阐释清楚之前,格兰特的话就已经被打断。也许哈勒克将军认为格兰特的计划十分荒谬,因此,格兰特只能垂头丧气地回到了开罗。

当时,开罗附近有一只规模较小的炮艇舰队,由舰队司令富特指挥,他同样隶属于哈勒克将军的指挥。回到开罗后,格兰特和富特一同探讨这一问题,格兰特的想法得到了他的支持。当富特为格兰特的想法投上了赞同的一票后,更增添了格兰特对于这次行动的信心。

虽然上一次在军区总司令那里碰了壁,格兰特决定还是再做一次尝试。于是,他给军区总司令发了一份电报,电报中说:"如果同意,我可以占领并坚守住田纳西河上的亨利堡。"

与此同时，富特也给军区司令发了一份支持格兰特的电文。格兰特为此准备了一份详细的行动计划，没过几天，格兰特的请求得到了批准，在获得批准的第二天，格兰特便开始了行动。

格兰特的部队乘船到了目的地，在让船返航前，格兰特让船把他们送到离南方部队尽可能近的地方，这个距离要把握好，即要离敌人近，又不能进入到敌人的射程范围内。

在距离亨利堡很远的地方，一条小河从东面流入田纳西河，就是这个狭窄的分水岭，把田纳西河与坎伯兰河分开。平日里，这条小河的水流量并不大，当格兰特率领着部队到达那里的时候，河里的水流却很湍急。

格兰特分析了地理状况，发现如果部队能够登上这条小河的南岸，一定会对包围亨利堡帮助极大。但这也只是猜测，为了证实它的可行性，格兰特登上了由威廉·波特上尉指挥的埃塞克斯号炮艇，接近亨利堡，希望能把亨利堡的火力吸引过来。

炮艇行驶到河口，又走了一段距离，格兰特终于得偿所愿，亨利堡的火力被吸引过来。格兰特很高兴，南方驻军的火力根本无法击退他们，他已经摸清楚对方的底细，便下令返回，把部队带到小河靠近亨利堡的一边。

这个时候，格兰特的军队遭到了对方复枪的射击，格兰特能听到子弹在耳边呼啸而过的声音，只不过这些复枪的子弹全都射向了河的对岸。

这个时候，发生了一件危险的事情，一颗子弹从格兰特和波特上尉的身边呼啸而过，击中炮艇的船头甲板，射穿船舱，最后落入水中。格兰特立即下达指令，部队在河口下游位置登陆。

形势严峻，时间紧迫。格兰特发现，亨利堡位于田纳西河的一个弯道处，炮艇上的枪炮完全可以从小河直线射击。在亨利堡的外围营地上，南方军队修筑了壕沟掩体，步兵掩体的外垒在多纳尔森和多佛的道路两侧延伸出两英里。

　　根据可靠消息，守卫亨利堡的南方军队，以及外围营地中的部队，总人数达到了二千八百人。数英里外，还有来自于多纳尔森强大的外援部队，亨利堡内部有十七门重炮，这是亨利堡内部的守卫。

　　堡外的小河水位很高，除去河边断崖的地方，其他的河堤部分都被水流淹没。亨利堡附近的地面上，积水达到了两英尺深。而位于河西岸的海曼堡则位居高地，从海曼堡发射的火力，完全可以覆盖整个亨利堡。

　　更重要的是，从亨利堡到多纳尔森的距离只有十一英里，如果亨利堡遭到袭击，南方军队一定会派遣援军支援亨利堡。诸多的客观因素给格兰特留下了唯一的出路——马上行动！

　　在此之前，格兰特对于这次军事行动已经做出了详细计划——步兵和炮艇将会同时行动。步兵负责包围南方守军，而炮艇则负责靠近亨利堡，以便于对其进行炮轰。

　　规定的时间已到，步兵和炮艇同时行动。由史密斯上校带领的步兵发现，海曼堡里的南方驻军早已撤空，这个发现，让史密斯颇有些英雄无用武之地的感慨。

　　很快，炮艇和南方军队的炮兵交上了火，不过，由于水位很高，树林浓密，致使前去包围亨利堡的部队耽误了不少时间，但好在这对于整个的军事行动没有丝毫影响。

格兰特所在的部队气势很高，格兰特发现了一件很有趣的事情，当他们第一次开始交火的时候，为了避开格兰特部队的火力，对方的指挥官让几乎所有的部队撤到通往多佛和多纳尔森的道路上的外垒，堡垒中只留下大约一百名左右的炮兵。原来，南方军队修建如此坚固的防御工事，只是为了给自己的部队争取更多的逃跑时间。

这次进攻后，格兰特的部队取得了胜利，俘虏了南方军队的指挥官以及他的参谋人员，还有九十名属下。另外，还缴获了堡垒中的武器、弹药以及所有的物品。

格兰特派遣一支骑兵队伍追赶那些南方逃兵，结果让格兰特哭笑不得的是，除了俘获了几个掉队的逃兵以及两门大炮外，其他人逃跑的速度真的很快，格兰特的追击部队连他们的影子都没有看到。

格兰特的部队在这次战争中也有一些损失，主要是参战的炮艇被多次击中，虽然炮艇所受的损害并不严重，但是，如果想要把它们全部修好却也需要一些时日和金钱。

8. 重获权力

多纳尔森堡被攻下的消息让很多北方人精神振奋，几家欢喜几家愁，这个消息对于位于南方的人民，尤其是里士满的居民来说，却无异于晴天霹雳，让人们的心中蒙上一层厚厚的阴影。

这次战斗的胜利，让格兰特再一次得到了晋升的机会。这一次，他被提拔为志愿军的少将，并荣幸地得到了参议院的批准。不仅是格兰特，在他所指挥的部队中，还有三名指挥官被提拔为少将，每个旅的上校也分别被提拔为准将，这些被提拔的军官，仍旧在志愿军中服役。

对于这次胜利，格兰特的上级哈勒克将军是这样做的，首先，他给在堪萨斯州的亨特将军致电，感谢他给多纳尔森堡的部队派遣增援部队，从而确保北方军队在第一时间占领多纳尔森堡。

与此同时，哈勒克将军还致电给华盛顿，声称这次胜利多亏C·F·史密斯上校，在电报中，哈勒克将军还希望史密斯将军能够因此得到提升，声称"如果能提拔他，全国人民都会为之拍手喝彩"。

除了这两封电报，哈勒克将军还发了一份正式通令，声称感谢舰队司令亨特以及格兰特和他率领的部队为这次战斗所做的贡献。除此以外，哈勒克将军没有在任何场合表示出对于格兰特本人的认可。

虽然，多纳尔森堡的夺取极大地鼓舞了北方军队的士气，但格兰特知道，这只是战争的开始。这次胜利可以为西南地区的北方军队打开畅通无阻的道路，但仍旧存在美中不足——如果当时能有一位将军，统一指挥阿勒格尼山脉以西的所有部队，就能够带领部队进军到查塔努加、科林斯、孟菲斯和维克斯堡。并且，当时北方军队的势头正旺，很容易就能够招齐足够的志愿兵。无论是胜利与失败，格兰特总是会不断在其中反思和总结。

对于这件事情，格兰特后来做出评论——"造物弄人"，时过境迁后的评论稍显过晚，绝佳的时机没有把握好，成全了南方军队，他们趁此招募军队，加强新的防御工事。

得胜后，格兰特在第一时间把消息报告给了军区司令，格兰特还说，通往克拉克斯维尔和纳什维尔的道路也已经打通了（这两个地方位于坎伯兰河上多纳尔森堡的上游地区）。

与此同时，格兰特请求在2月21日这一天攻占克拉克斯维尔，大约3月1日这一天，攻占纳什维尔。如果没有接到来自军区司令其他的命令，他将会执行这个计划。

司令部没有给格兰特任何答复，于是格兰特派遣史密斯上校前往克拉克斯维尔。当部队到达那里后，发现那个地方已经空无一人。亨利堡和多纳尔森堡的失陷让南方军队逃跑的计划被打破，他们只好从哥伦布到鲍灵格林这条战线的最东端向后撤退。也就是说，格兰特的派遣部队棋差一招，应该对纳什维尔派兵，而并非向克拉克维尔派兵。

虽然让南方军队领先一步，但这并没有给北方军队带来多么大的影响。此时，格兰特知道比尔将军正在从北方向纳什维尔进军。在当时，纳什维尔是南方最好的粮食供应站之一，如果南方军队撤离那里，一定会拿走所有的军需物资。已经让对方占了一次便宜，格兰特可不希望再一次占下风，于是派威尔逊将军前往纳什维尔，并派出一艘炮艇护航。威尔逊成功占领了纳什维尔。

格兰特一直觉得，他自从离开开罗，就不是很走运，原因在于每一次军事行动，他都没有接到来自于军区上司哈勒克将军的任何指令。

2月10日，格兰特曾经接到一个命令，让他坚守亨利堡，尤其是亨利堡的陆地，需要挖壕沟制造防御工事，并且，挖壕沟的工具也已经给格兰特送了过来。格兰特接到命令的这个时间，已经完成了对于多纳尔森堡的围攻。一直以来，格兰特都不知道军区司令已经得知他占领多纳尔森的消息，更是未曾接到来自于开罗的任何与之有关的信件。

当部队离开开罗，格兰特定期向参谋长汇报，这位参谋长负责到开罗接收一切来自于前线的消息，并把主要内容传达给圣路易斯指挥部。

格兰特的信件都是通过船只送到开罗的，发给格兰特的消息则不是通过这一途径，采用的是电报的形式。负责电报的报务员没有把来自于军区司令的命令交给格兰特，导致直到南方军队投降的那一天，格兰特才收到总部的回复，后来证明，这个报务员是一个叛军，在得到消息后，他逃离岗位，带着所有的电报去了南方。

3月2日这一天，格兰特收到了前一天发给他的命令。在命令中，要求格兰特率领部队撤回亨利堡，在多纳尔森留下一支小的留守部队即可，除此以外，再派出一支远征军到密西西比州的东港以及田纳西州的帕里西。

3月4日，格兰特率领部队用了一天的时间，从多纳尔森赶到了田纳西，在这一天，他收到了来自于哈勒克将军的电报，电报中指责格兰特不服从命令。说实话，这是格兰特收到的第一封来自于哈勒克将军要他汇报部队实力的电报，因此他十分惊讶。

两天后，格兰特再一次收到了电报，而这份电报的内容则是指责格兰特没有经过他的同意而擅自前往纳什维尔。

对于这份电报的内容，格兰特同样是第一次知道，哈勒克将军并不同意他前往纳什维尔的行动。实际上，纳什维尔并没有超出格兰特的指挥范围。不过，军人的本职工作是服从命令。格兰特遵从哈勒克将军的命令，把指挥权移交出去。

哈勒克将军一直都在拼命地招募军队，他曾向上级许诺，如果士兵的数量足够多，他将要采取一些重要的军事行动。哈勒克将军曾经给格兰特发电报，询问他的部队情况，可是由于格兰特没有收到电报，因此才造成了哈勒克将军对其的误会。哈勒克将军向华盛顿报告，虽然他已经再三提醒，可是格兰特仍然没有给他任何的回复。没有经过他的同意，格兰特擅自进军纳什维尔。

得到了消息的麦克莱伦将军解除了格兰特的职务，并对其进行调查，为了防止格兰特逃脱罪行，他甚至下达了拘捕令。

3月13日，格兰特重新得到了指挥权，四日后，他收到了来自于哈勒克将军的一封信，这是陆军部发给哈勒克将军的复件。在复件中提到了关于格兰特不服从命令的报告已经上交给华盛顿，对格兰特进行调查，并把调查结果进行上报。和复件一起交给格兰特的还有一份哈勒克将军将要发给华盛顿的报告，这份报告通篇都在"证实"格兰特的无辜。只不过，哈勒克将军只字不提所有的麻烦都是由他一个人引发出来的。

在信的末尾，哈勒克恢复了格兰特的权力，希望他能够带领他的部队开始新一轮的战斗。虽然哈勒克将军给格兰特带来了诸多的麻烦，但自始至终格兰特认为自己还是应该感谢他，也许正是因为哈勒克对自己的百般干预，才让他在政府领导人眼中拥有了正确的形象和一定的影响力。

9. 和死神面对面

格兰特重新得到了军队的指挥权，3月17日，格兰特发现他的部队被分割开了。田纳西河东岸的萨瓦纳有大约一半的军队。田纳西河西岸的克兰普码头，这个地方位于萨瓦纳上游大约四英里处，那里有一个师的兵力驻守。其余的部队都驻扎在匹兹堡码头，这里位于克兰普码头上游的五英里处。

此时，南方军队的大批部队正集中在科林斯，两条重要的铁路路线在这里会合。一条是连接孟菲斯、密西西比河与东部地区，而另一条则是向南连接南方各产棉区。

除此以外，还有一条铁路，连接杰克逊与田纳西州西部的科林斯。如果格兰特的部队能够顺利占领科林斯，那么也就意味着南方军队失去了可以用来运输补给的铁路线。南方军队只有到达维克斯堡才能登上通往东部的铁路。

这样看来，科林斯地处西部田纳西河与密西西比河之间、纳什维尔与维克斯堡之间，它的地理位置让它拥有了极其重要的战略地位，成为南北方部队的必争之地。

此时，格兰特收到一个消息，南方军队正在科林斯那里修筑防御工事，并且，在那里集结了一支由约翰斯顿率领的部队。时间紧迫，格兰特立刻下达命令，令驻扎在萨瓦纳的所有部队转移到匹兹堡码头。与此同时，比尔率领来自于俄亥俄州军区的部队正前来支援，只要他们的部队一到，格兰特就准备开始对科林斯进攻，格兰特把进攻地点选在田纳西河的西岸。

格兰特认真分析了地形，他发现，匹兹堡和科林斯的距离只有大约二十英里，匹兹堡和汉堡的距离大约是在十八九英里，汉堡位于科林斯上游大约四英里远的地方。当格兰特恢复指挥权不久，他就计划把来自于俄亥俄军区的军队安置在汉堡。

没过多久，援兵一到，格兰特下令全体部队向科林斯进军。在进攻之前，格兰特考虑是否应该在驻扎地修建防御工事，格兰特个人觉得并不需要做这件事，但为了保险起见，他还是命令部队中唯一的工程兵军官设计一条合适的壕沟防线。

当工程兵军官把他的计划完成后，发现一个问题——按照实际情况，应该把壕沟设置在营地的后方。格兰特对这个设计并不十分满意，虽然这条新的路线靠近河的位置，但还是离田纳西河与其他的支流河稍远一些。基于这次行动属于进攻性的战役，想要让即将要受到攻击的南方军队离开坚固的壕沟工事是一件相当困难的事情。因此，格兰特对于修筑壕沟的计划持保留意见。

格兰特的部队经常能够遭遇一支由约翰斯顿率领的骑兵的骚扰。格兰特的前哨部队经常能与之发生遭遇战。

4月1日这一天，这支骑兵大胆起来，直逼格兰特部队的前线，这件事情让格兰特警惕起来，他知道，这是对方部队开始要发起进攻的信号。第二天，约翰斯顿的骑兵正式从科林斯向格兰特部队的方向发起进攻。

在这段日子里，白天格兰特基本上都在匹兹堡，到了晚上，再回到萨瓦纳。等待比尔率领支援部队的日子，格兰特打算把指挥部搬到匹兹堡，这样就可以不用再两地奔波。为了迎接比尔的到来，格兰特一直留在了萨瓦纳。大约是从4月3日开始，前线一直冲突不断，为了安全起见，格兰特并不是每个晚上都离开匹兹堡，通常都是到了第二天凌晨前一个小时，估计不会有什么危险事情发生的时候，他才会离开那里。

格兰特在他的回忆录中曾经描述，在4月4日这一天，他还清楚地记得，那是一个星期五的晚上，巴克兰的进攻日，格兰特能清楚地听到来自于前线的枪声，格兰特想骑马去看看具体情况，但没有向导，并且外面雨势很大。由于是夜晚的缘故，格兰特只能借助着枪炮不断发出的闪光来认路。虽然客观环境给格兰特出了一个不小的难题，他还是决定遵从内心的想法——到前线去看一看。

格兰特没有走出多远，就看到麦克弗森上校和华莱士将军从前线下来，他们二人给格兰特带来了前线第一手情报——南方军队那边鸦雀无声。格兰特放下心来，和二人准备一同回到船上。

在路上，格兰特的马脚下一滑，摔倒了，正压在格兰特的一条腿上。幸运的是，由于这段时间一直连续降雨，地面并不坚硬，格兰特因此伤得并不算严重，更不会成为跛子。虽然如此，格兰特的脚踝还是受伤了，当时就肿了起来，只有把靴子割开才能脱下来。

过了几天，战斗的势头已经倾向于北方部队，很快，战斗在全线基本展开。北方部队步步紧逼，而南方部队则是节节败退，直到仓皇收兵，这个时候，格兰特所率领的北方部队彻彻底底地成了进攻的一方。

在战斗进行得如火如荼的时候，格兰特在左右翼之间不停地来回巡视，希望能够即时地掌握战争的进展情况。

一天下午，格兰特与霍金斯少校、麦克弗森上校以及格兰特的军需官结伴到部队的左翼。格兰特觉得，这里距离部队很近，而且南方军队的士兵看起来没有胆量出现在这里，于是放心地沿着一块空地的北边向码头上游的河边走去。不知什么时候，南方军队出现在了空地对面的树林边，向格兰特一行人发起了炮轰加枪击。

格兰特等人听到枪击，迅速做出反应，以最快的速度跑到敌人的射程之外，消失在树林里。格兰特能够清楚地听到子弹、炮弹在耳边呼啸而过的声音，只有这个时候，才让人会感到与生命赛跑的紧迫感。

南方突袭部队的火力持续了大约一分钟。起跑的时候，霍金斯少校的帽子掉在了地上，他哪里顾得上去捡呢。格兰特几个人跑到树林里，在那里找到了一个相对安全的地方躲了起来，检查一下有没有人员伤亡。格兰特发现麦克弗森的马已经累得气喘吁吁，看样子这匹可怜的马随时会有倒下的可能。经过检查，原来这只马的腰窝上中了一颗子弹，就在马鞍的后面，子弹穿过马身，几分钟后，这匹马倒地而死。在此之前，它没有表现出任何受伤的迹象。

幸运的是，除了这匹马受伤而死，没有任何人员伤亡。比较惊险的是，格兰特的金属剑鞘被子弹击中，击中点就在剑柄的下方，差点把格兰特的剑打断。格兰特一行四人，一匹马受伤死去，一个人丢了帽子，一个人剑鞘受损，损失只有这些，实属不幸中之万幸。

这次战斗，是南北战争期间西部最激烈的一次战斗。无论是从战斗环境的艰苦性还是作战人员的英勇性来说，发生在东部的任何一场战争都无法与之相比。战斗结束后的第二天，格兰特亲自去战场上视察，经过北方部队的战士们浴血奋战后的开阔战场，无论从哪一个方向走向这片空地，都只能踩着阵亡战士的尸体，双脚根本无法沾地。这次战斗与以往其他战斗不同的是，格兰特的部队没有壕沟工事，也没有任何有利的防御措施，参加作战的部队中，一多半没有战争经验，甚至有很多人没有受过正规的军事训练。

不仅是普通的士兵，除去总指挥官和两三个旅指挥官外，其他的军官也都没有任何作战经验，但是，在这样艰苦的条件下，北方军队取得了决定性的胜利，不仅给北方部队和各级军官带来了极大的信心，用格兰特的话说，更让那些南方士兵亲身体验了——"这些'北方佬'可不是好对付的对手"！

第三章 南北战争

1. 总司令生涯

1862年，夏伊洛战役或者被称为匹兹堡之战的战役，格兰特的军队取得了重大的胜利，而这次战役也是残酷的，可以算是与死神面对面的较量，充斥着极深的血腥味。

格兰特军队的伤亡是相当惨重的，为此格兰特也受到了批评，批评他没有事先修好战壕做好战斗的准备，并戏称他当时喝醉了没有料到南方军队的进攻。然而林肯总统依旧对其相当倚重，为其解围说："如果格兰特是个酒鬼，那么就应该给别的将军也都送格兰特喜欢的威士忌去。"虽然这场战斗中格兰特有失误，但他拒绝失败不屈不挠的斗争精神是让人敬重的，"他看到的不是失败，而是一个次日反败为胜的机会"。

夏伊洛战役结束后的夏天，司令官哈勒克把格兰特调到了孟菲斯任副司令，主管田纳西西部的后备兵员，虽然职位仅在哈勒克之下，可实则格兰特的副司令职位并不具有实权，哈勒克是借机收回格兰特的指挥权而已。可对此，格兰特并没有太过介意，而是借此卸去权力的期间，对夏伊洛战役进行了反思和总结，认识到自己的轻敌，并且对战役的形势进行反复推敲和思考，确信维克斯堡是西部战场成败的关键点，认为维克斯堡是密西西比河下游的战略要点，对整个西部战役具有重要意义。格兰特把目光聚集在了这里，这些都为以后维克斯堡战役的胜利以及及早结束内战创造了有利的条件。

7月11日，哈勒克将军收到一份任命电报，他被任命为陆军总司令要赴华盛顿任职，并且要尽快安排好原有部队好尽快去就职。毫无疑问，格兰特作为副司令的职务虽现在没有什么实权，可他的离开必定使科林斯军区的指挥权落在格兰特的手上，于是在同一天格兰特也接到了回科林斯指挥部报到的电报。哈勒克将军一直待到7月17日，但在这段时间他没有对格兰特说任何事情，也没说明让他来指挥部报到的目的。

哈勒克走后，上级并没有再派一个军区司令来指挥工作，这格兰特的权利得到了提升。虽然他担任的仍然是田纳西州西部战区总指挥的职务，可他实际上行使的是军区总司令的职权，直接向陆军总司令汇报工作。

10月25日，格兰特将军正式被任命为总司令官。虽然与哈勒克将军任密西西比军区司令期间时最东端达到查塔努加以北一线的指挥范围相比小了很多，格兰特将军所指挥的战区只包括西田纳西州和坎伯兰河以西的肯塔基州，但对格兰特来说，他总算能大展拳脚了。

哈勒克走后的科林斯，联邦政府军被分散在各处，在处处充满敌意的南方地区，对格兰特来说这并不是一个好的形势，首先格兰特采取的措施只能是做好防御准备，而在匹兹堡的惨烈战斗也让格兰特深深明白防御的重要意义。所以，他命令部队在科林斯构筑防御工事，挖战壕做战略防御，并且在修防御工事时，他更加注重的是其与守城部队的规模作战风格等相适应，大大提高了防御的能力。虽然工事在设计上比较普通，但却是展示工兵技巧的一块纪念碑。

　　除此之外，为了适应新的作战形势，格兰特对战区的部队进行了战略调整和部署：在多纳尔森、克拉克斯维尔、纳什维尔驻扎部队，同时在科林斯城安驻守卫部队并且在铁路沿线往东也囤积兵力，用来抵御敌人从西面所发动的任何进攻。莫比尔俄亥俄州铁路从科林斯南部的里恩兹到哥伦布的线路派遣部队把守，从田纳西州的杰克逊到玻利瓦尔的密西西比中央铁路也驻扎军队把关。但是由于兵力不足，有些地方比如孟菲斯铁路上的大章克申和拉格兰奇只能放弃防御，当这里受到进攻时，格兰特只得采取从未受到攻击的区域调兵前去增援的策略。

　　在回忆录里，格兰特也表示这段时间是他在战争期间最难过的一段时间，他的全部兵力都用在守卫已占领的地盘，根本就没有多余的兵力可供调遣，防御都显不足发动进攻更只是心有余而力不足了，没有增援力量，这对格兰特来说，无疑被束缚住了手脚。

　　当然，在哈勒克离开后的两个月内，敌我双方仍然不断有小规模的战斗发生，虽然这些战斗与之前所发生的主要战斗相比，只能用小巫见大巫来进行概括，但是从伤亡人数的统计来看，有些战斗与墨西哥战争中的多数战役是一样的，一样的艰苦一样的惨烈，有些还引起了公众的关注目光。

　　现在我们先把目光聚集在 7 月30日，那一天格兰特将军才从南方的 P·H·谢里登上校那里得知布拉格正率部在乔治亚州的罗马乘火车向查塔努加转移，并且他们会从莫比尔经过，他们的马车队也会通过陆路进入罗马与其会合。并且这时候，普赖斯率领一支大部队正位于密西西比州的霍利斯普林斯，占领了大章克申作为前哨。

得到这个消息后，格兰特立即向总司令建议，请求率兵赶走敌军打击其嚣张气焰，但格兰特得到的命令是，不要分散力量，时刻准备为比尔提供增援。布拉格本人随马车队向查塔努加转移时充分显示其优势，他的部队长途迂回在通向查塔努加的道路上，防备着为比尔提供增援，并且除非靠近北方军队前线时他们根本用不到护卫队。而这对于比尔来说就比较危险和被动了，为了保证军队供应，他不得不使用卫队保护他的交通运输线。虽然格兰特现在所掌握的部队摧毁布拉格的部队绰绰有余，但服从命令是军人的天职，他只得采取防御的架势，防守着来自兵力远远处于劣势的敌军的进攻。

这种状态一直维系到8月2日，那天格兰特接到华盛顿的命令，要求他充分利用叛乱地区的资源来保障军队供应，发出"一定要严厉对待叛军"的指示命令，或者将他们关押，或者赶出家园、赶出阵线范围。这对格兰特来说是早就想干的事了，于是他就摩拳擦掌大干起来。但是对于叛军格兰特是仁慈的，在整个平叛战争期间他没有下令关押过一个百姓也没有关押过一个士兵，虽然他的一些下属以格兰特的名义将战俘送到了北方的监狱，主要在伊利诺伊州的乔利埃特，但是一旦听说有关押的战俘，格兰特命令将他们全部释放。

最后，格兰特还派一名参谋到北方，把所有假借他的名义关押起来的战俘全部释放。这些都反映出格兰特的仁慈，不赶尽杀绝。可能有人会说这是妇人之仁，这算是为战争的胜利埋下了一个隐患，因为一旦有机会，他们可能会成为军人，对北方政府进行威胁和破坏。

对此，格兰特并不是不知道，但他更认为这些人也够不上被抓起来。他说："宁愿让几个叛乱分子漏网，也不愿让众多无辜的百姓遭殃。"这种带着热度的心肠对百姓来说是多大的福祉。

9月13日，斯特林·普赖斯进入科林斯以东二十英里孟菲斯 查尔斯顿铁路线上的一个小镇尤卡。

格兰特对此很担心，他怕叛军把部队调入田纳西州增援布拉格，而华盛顿当局，包括陆军总司令，也对田纳西中、东部的局势非常担忧。以现在的兵力，即使把所有人员都算上，在科林斯格兰特也没有足够的实力进攻普赖斯，而他又担心在可能的增援部队到达之前普赖斯可能早就渡过田纳西河了。

为了防止这种情况的发生，格兰特决定先下手为强，他命令玻利瓦尔和杰克逊所有可以调动的部队前往科林斯增援，火车全部集中到杰克逊准备运送军队。他想要在范多恩到达科林斯或前去救援之前，对普赖斯发动攻击。

由于之前罗斯克兰斯将军的指挥部就设在尤卡，并且他手上有一张非常详尽的地图，再加上他本人对这里的地形也非常熟悉，所以格兰特在计划进军尤卡时都是听从他的意见。

这次计划相当严密，但是由于罗斯克兰斯忘记在通向富尔顿的道路上布置任何部队，敌人正好利用了这个疏忽，趁夜色从这条路上撤出，尤卡之战的结果并不如意，可从这次事件显示出了格兰特将军的军事眼光和战略思想。

10月1日，来自范多恩、洛弗尔、普赖斯、维莱匹格与拉斯特各股部队已经完成集结。3日这天，在科林斯城外，联邦军与敌人的先头部队发生了一场小规模的冲突，科林斯之战拉开了帷幕。

当天晚上，格兰特命令驻扎在杰克逊的麦克弗森将军将铁路沿线的兵力集中起来，前往科林斯增援罗斯克兰斯。

在此之前，格兰特将军已经命令赫尔伯特从玻利瓦尔出发，前往科林斯。在前往途中，赫尔伯特的先头部队与范多恩的部分部队相遇发生小规模冲突。

4日，范多恩对科林斯发动猛烈进攻，想要在援军到达之前攻破罗斯克兰斯的防线夺取科林斯的防御工事并阻击前来增援的部队。他的阴谋几乎得逞，不过多亏了格兰特下令修筑的防御工事，科林斯没有被攻破。罗斯克兰斯一直坚持到麦克弗森与赫尔伯特的部队到达。

又是一场血腥的较量，最终敌军被击退，虽然格兰特这边的损失很大，但是范多恩的损失却是联邦军的几倍，这就要归功于格兰特下令修筑的掩体发挥功效了。

10月25日，格兰特被任命为田纳西军区的总司令。并且在此时，增援部队在源源不断地从北方抵达，格兰特筹谋已久的维克斯堡之战即将打响。

2. 维克斯堡大捷

维克斯堡地处孟菲斯下面靠近河流的第一高地，有一条铁路向东延伸把通向南方各州所有要塞的道路连接起来。河的对面也有一条铁路，向西通往位于路易斯安那州的什里夫波特。并且维克斯堡是连接密西西比河两侧的南部邦联各地区的唯一通道。可见其地理位置在军事战争中的重要地位，只要南方军队据守此地，密西西比河便不能自由通行。格兰特深深明白这一点，要想早点结束战争，必须拿下维克斯堡，只要攻破维克斯堡，其他要塞必将迎刃而解随之陷落。

当时格兰特将军的部队所占据的领地西自科林斯东到贝尔河的孟菲斯—查尔斯顿铁路，南自玻利瓦尔北到与莫比尔—俄亥俄铁路交会处的密西西比中央铁路，再加上科林斯以南大约25英里处，从北到肯塔基州的哥伦布的莫比尔—俄亥俄铁路以及密西西比开罗到孟菲斯河段。虽然已经有援兵到达，但是部队的战略部署还是显得勉强，抵御南方军队的进攻，恐怕还远远不够。思前想后，格兰特决定主动出击，去攻打南方军队还未放弃的地方，这样实际也断了敌人攻打自己所占区域的机会，使地盘不用防守便可稳固并且还可以腾出相当多的兵力进行战场作战。

可这场战役并不是一帆风顺的，维克斯堡地形特殊，易守难攻：北边长期受雨水侵蚀崎岖不平，并且地势高耸，最高处距密西西比河有二百英尺，而且在峡谷底部长满藤蔓与灌木，山坡与山顶上长满浓密的树林，不便于行军。向南，地面虽然开始有些平坦，但是地势仍然长期遭到峡谷与溪流冲刷变得崎岖不平。这些崎岖的道路加幽深的峡谷就成了南方部队的天然防线，他们只要顺着山嘴的走向挖掘壕沟就可以控制两边的山坡并且可以使战线拉长使防御更加有力，并且在许多地方，敌人的防线可以直接从一条溪谷的源头布设到另一个溪谷的源头，形成三角形外围工事，他们只需几个人把守就能够把通向主要阵线的道路完全封锁住，这些无疑也给格兰特对维克斯堡的进攻加大了不少的难度。

1月20日，格兰特命令麦克勒南德将军带领部队到达扬角与米利肯本德，他为了确保在离开后孟菲斯的安全，把赫尔伯特将军的第十六军团留下，把一切交由赫尔伯特将军指挥，并且在哥伦布——开罗与孟菲斯之间唯一的河上要塞，留下一支卫戍部队驻扎。之后格兰特离开了孟菲斯。

29日，格兰特到达扬角，第二天便接管部队的指挥权，麦克勒南德将军对此表示反对。甚至就此问题在写给格兰特的信中表现出的是一种训斥与批评的口吻，不仅仅是表示抗议了。但是，为了大局，格兰特对这些都没有计较，颇有大丈夫能屈能伸的风范，而这些委屈与战争相比，都是小插曲。

进攻维克斯堡的战役正式开始了，对于维克斯堡的围攻也还正在准备之中。现在的问题是如何才能在密西西比河东岸的高地上站住脚以便从这里对维克斯堡发动进攻，崎岖不平的道路加幽深的峡谷，这让难度相当大的。

密西西比河离开扬角是折向东北方向，一直到达维克斯堡城正上方的地方，再转弯折向西南方向。如果格兰特试图从这里冲破敌人的封锁，那么，他们的船就会暴露在南方部队布置在城下游方向六英里处的炮火之下。

密西西比河再往下正好切出一条直道，在维克斯堡城前形成一个半岛。亚祖河以北是一片沼泽，森林密布，河水冲刷出许多小河湾，河湾常常水满为患，再加上这个冬天持续大量的降水使密西西比的水位大幅度升高，连军队驻扎的位置都不好选择。

这些种种都使正面进攻变得不可能，格兰特只得放弃另觅他法。最终他决定命令率其军团驻扎在莱克普罗维登斯的麦克弗森将军掘开莱克普罗维登斯的防洪堤，想要在此开通一条适于航行的水道，借此通过维克斯堡下游四百英里处的哈得孙港上游的红河河口进入密西西比河。

但是这项工程是相当巨大的，并且相当艰难，主要是由于从孟菲斯向下的密西西比河沿线的地面在近河处都是最高的，并且必须穿越一片长满松柏的沼泽地，这就意味着必须在浓密的树林中开辟出一条足够宽的地带后才能通航并且必须要从淹在水下的根部附近将这些树木砍断，这项工程之艰巨便可想而知了。

2月4日，格兰特去见了麦克弗森将军，麦克弗森对这项工程不抱希望。格兰特对这座湖和这条河进行探索，结果发现，这个计划是不可行的，从莱克普罗维登斯到船只进入可通向密西西比河的河道，主河段的距离大约有四百七十英里，如果走这条弯弯曲曲的新水道的话，无疑拉长了距离，并且在那些适合航行的港口可能会有敌军埋伏受到袭击，但是格兰特对工程没有叫停。

对士兵来说，有活儿干总比无所事事好，另外这更能对敌军产生迷惑作用，从而掩护部队开展其他更有效的行动。而格兰特，也只能再探索别的途径。

在此之后，格兰特又派参谋威尔逊中校前往阿肯色州的海伦娜考察，看是否可能在那里开辟一条穿越月亮湖和亚祖溪的通道，由此经冷水河、塔拉哈奇河，到达亚祖河。这条航道有汽船通行，只是在密西西比州的入河口有一座坚固的大坝，格兰特只能绕道至数百英里以下的亚祖河河口。

2月2日，这座大坝被冲毁，整个地区一片汪洋。

24日，罗斯将军带领四万五千名士兵进入了新水道，清理叛军用树木堵塞的亚祖溪和冷水河的航道，这绝非一件易事。这里树木高大，树的比重已经远远超过水的比重。一番劳作，他们终于把河道清理干净，罗斯将军在史密斯少校的两艘炮艇的掩护下继续向前行进，不想在格林伍德遇到了敌军的防御工事。

格林伍德位于塔拉哈奇河与亚拉布沙河的交汇处，这里由弯弯曲曲的河流形成了一个刚刚露出水面的岛屿，名为彭伯顿堡，岛上筑有防御工事，并有士兵把守，在周围并没有找到通上岛屿的陆地通道。格兰特只好在发现的刚好露出水面的一小块陆地上安排一个炮组，以应对敌人的攻击。

格兰特命炮艇在3月11日和13日两度对敌人进行炮击，然而，两次炮击均以失败告终。联邦军一艘炮艇被摧毁，六人阵亡，二十五人受伤。这次方案又以失败告终，所幸伤亡并不严重。

之后格兰特又进行了一系列的探索，都没有达到效果，对维克斯堡进行了数次进攻结局也不尽如人意。可进步和机会都是在摸索中得以发现，暂时的失败并不算什么，格兰特要的是最终胜利，并且这也使格兰特的军队获得了许多优良的训练。

4月初，格兰特吸取以往的教训，制定出陆海协同、迂回分割的歼敌计划，他一面派格里尔森率骑兵由田纳西州长驱直入密西西比州，破坏敌军交通线，分散敌军的注意力，一面亲自率田纳西军团主力大约四万四千名士兵沿密西西比河西岸南下。

4月29日，格兰特在哈得泰姆斯与波特海军少将率领的海军舰队会师，30日渡过密西西比河，在布林斯堡登陆。

5月1日，天刚蒙蒙亮，格兰特率军开始向吉布森港进发了。很快，他们便来到了镇上。他们穿过南皮埃尔河的桥梁到达河边，但此时，河上水位很高，水流湍急，他们在格兰特的参谋人员 J．H．威尔逊上校设计并指挥下，用从木结构房屋、马厩、栅栏等上面取来的材料搭建了浮桥，桥还算结实，足以让整个部队安全通过。

3日，格兰特攻占了格兰德湾，随后向东迁回，切断了彭伯顿指挥的维克斯堡三万两千名守军和驻杰克逊城的约翰斯部的联系。14日，谢尔曼和麦克弗森分别指挥第15军和第17军击败杰克逊城守军，麦克勒南则率第13军占领了雷蒙德和克林顿。

16日到18日，联邦军攻占了钱皮恩山并强渡大布莱克河，迫使南方军队撤守维克斯堡要塞。战争已进入白热化阶段，俨然已经到了围攻维克斯堡的时候了！

这时候，格兰特对维克斯堡实施围困政策，即"围而不打，困住敌人"，这样不会给部队带来损失，同时，部队还可以修筑防御工事。再加上河上海军的封锁，对于维克斯堡的围困已经形成。格兰特的战略是守住阵地，让敌人只能依靠现有的粮食、兵员及武器弹药生存和坚守，他们耗尽之时就是维克斯堡大捷之日。

6月22日，格兰特收到确凿消息，约翰斯顿已经渡过大布莱克河，想要攻击联邦军的后方，打破包围圈，救出彭伯顿。这时候坚守维克斯堡的念头已经在约翰斯顿的脑海中消失殆尽。

格兰特马上命令谢尔曼指挥从海恩斯布拉夫到达大布莱克河之间的所有部队，这足足占了维克斯堡围城部队的一半。并且命令赫伦与 A．J．史密斯的几个师随时准备增援谢尔曼。并且在海恩斯布拉夫的陆地这边修建了坚固的防御工事，从那里到铁路交叉口的大布莱克的所有制高点都布置了炮台。

这时候，联邦军队一边要围攻彭伯顿，一边要防止约翰斯顿从背后袭击。并且在进攻维克斯堡守城部队的同时还要做好防止敌人反攻的准备。为此，格兰特在东面和北面的防守方向，修建了坚固的防御工事。这时候由格兰特指挥的联邦军有足够的实力进攻约翰斯顿，但是格兰特还是很谨慎没有贸然发动进攻，而是继续向敌军那边挖坑道。

6月25日，格兰特的坑道挖到了敌人的胸墙下，并在胸墙下埋设了炸药。坑道挖到那里，设有叛军防御工事的小山头突然变得陡峭起来。而这道胸墙也成了格兰特军队的掩体。并且格兰特的坑道是从山下不远处开始挖起的，在敌人胸墙下面数英尺并没有被敌军发现，于是格兰特命令把坑道引爆，并且随着坑道的爆炸声起，全线部队一起向敌军展开猛烈的炮轰。他的意图很明显，就是要炸掉山顶，只是炸出的缺口太小，无法组织突击部队通过。

由于敌人无法找到地下坑道，这就意味着格兰特的防线又向前推进了，大多数士兵都被部署在这道新防线上了。

7月1日，联邦军的壕沟通道已在许多地方接近南方军队的壕沟，有十几处他们可以在有掩护的情况下进入离敌军只有五码到一百码远的地方。

格兰特命令部队加宽各个出口，以便于部队外出，与此同时，加宽各条通道，使得部队可以四人并肩前行；命令部队准备好木板以及扎紧的棉花包，以备部队跨壕沟之用，这些命令显而易见地表示格兰特要攻城了。彭伯顿陷入困顿局面，终于决定投降。

7月3日，他在南军的工事上举出了一面白旗，命一位副官越过了北军的战线，携带着他的亲笔信，要求休战。格兰特允许他作有条件的投降，这样的决策在精神上和政治上是具有重大意义的。

7月4日，维克斯堡的守军，共约三万一千人，在他们的征服者前面缴械投降，在交出了军旗之后，格兰特终于攻克了维克斯堡，取得了辉煌的胜利。

在这次战役中，从4月30日说起，格兰特共赢得了五次会战，攻下了维克斯堡，并占领了杰克逊。他以战死1243人，负伤7095人，失踪535人，一共8873人的成本杀伤了南军约1万余人，俘获了3.7万人，其中有军官2153人，并包括了15个将官。此外还有172门火炮也落入了他的手中。因此格兰特甚至被冠上"屠夫"的称号，这虽然不怎么好听，但却更加说明格兰特军队的骁勇善战以及格兰特奇袭战略的高明。

3. 统领密西西比

1863年10月10日格兰特收到一封签署日期为10月3日的电报，内容是这样的：陆军部长希望格兰特将军尽快到开罗报到，并电告报到情况。

战场上骁勇的将军，也难免在生活中遇到意外灾祸。

之前格兰特在卡罗尔顿上游一带视察班克斯的部队后，在回新奥尔良的路上，他骑的马受到街上的一部机车的惊吓，再加上马的性格太烈不受控制，马摔倒在地，把格兰特直接压在了下面。格兰特当场便失去知觉。这次事件使格兰特受伤不轻，他的腿从膝盖到大腿都肿了起来，从大腿一直到腋窝整个身体也相继肿得非常厉害，好像要爆裂似的。格兰特动弹不得，他只得在旅馆的床上躺了大约一个星期，之后他被一艘汽船送到维克斯堡疗养。在那里，他休整了一段时间，但仍然起不了床。

接到电报时格兰特的伤情虽然略有好转，但是走路还是一瘸一拐的。然而，作为一名军人，他的天职就是服从命令。所以他没有丝毫耽搁立刻动身。

16日，格兰特到达了哥伦布，在这里他回复了电报："从开罗转来的您3日发出的要我从开罗向您汇报的电报，已于10日的11点30分收到。本人已于同日携参谋人员和指挥部动身，现正在前往开罗的途中。"

他马不停蹄，终于在当天到达了开罗，他又在开罗发出一封电报告知已到达指定地点。

17日的早上他收到回电，命他立即前往路易斯维尔会见一位陆军部要员。他又即刻启程乘火车离开开罗，在中途的印第安纳波利斯站有信使过来通知陆军部长马上到站与其会面。

深夜十分，格兰特终于到达了路易斯维尔，那天天气很冷还下着小雨，格兰特在路易斯维尔待了一天。部长告诉了他一些首都的军事消息，并谈了对几次战役的不满。最后部长交给格兰特两个命令，让他做出一个选择。

实际上两个命令内容大致相同，只是细节上有所差异。是让他创建密西西比军区并由其进行统领，该军区由俄亥俄军团、坎伯兰军团、田纳西军团以及从阿勒格尼山脉到密西西比河、西南班克斯军团以北的所有的地区组成，而格兰特可以选择的部分是保留原来的指挥官还是要解除罗斯克兰斯的职务，由托马斯接任。

格兰特选择了后者，这主要是在之前的战争中罗斯克兰斯的表现不让人满意，格兰特对此大失所望。维克斯堡被北方军包围之后，布拉格的部队被大量抽调，去为密西西比的约翰斯顿解围。

格兰特多次给哈勒克将军写信，建议驻扎在田纳西州的默弗里斯伯勒的罗斯克兰斯对布拉格发起进攻。这样或者可以阻挡布拉格的部队，或者夺取查塔努加。哈勒克将军非常赞成格兰特的建议，但是几次，罗斯克兰斯没有执行命令，而是声称经过作战会议讨论，以一句军事准则"切勿同时展开两场决战"来拒绝执行命令。

格兰特认为他太过墨守成规，敌军派遣部队前去解围时，哈勒克将军就下令罗斯克兰斯发起进攻，可是他在维克斯堡投降十天后才发起进攻，但那时布拉格的部队已经返回，已经错失了良机。

这时候罗斯克兰斯的处境是相当危险，只是他并没有察觉到，他把布拉格逼到田纳西河南岸，追击到查塔努加以南的地区，并且继续向前推进，而没有构筑防御工事巩固阵地。再加上他的部队过于分散，等到与布拉格的密西西比部队交火时，他已不占有主动权，最后只得撤退，准备在查塔努加东南几英里的奇克莫加集结部队，进行战斗。

这场战斗持续了两天，罗斯克兰斯失败了，并且损失惨重，大炮被毁，死、伤、被俘约一万六千人。最终罗斯克兰斯撤回到查塔努加，而乔治·H·托马斯少将的部队仍坚守阵地。

之后，托马斯也撤了回来，布拉格随后追来，占领了俯瞰查塔努加的米申岭，还占据了罗斯克兰斯放弃的卢考特山，这是东西两面的制高点，把联邦军困在了查塔努加谷地，他们只得背水面敌，而食物等方面的供给也是相当的困难。

　　格兰特立即以密西西比军区统帅名义，草拟了一份命令，发给了罗斯克兰斯将军，并将华盛顿方面的命令转给了他，命他立即将坎伯兰军团交给托马斯指挥，同时格兰特向托马斯下达命令，不惜一切代价坚守查塔努加，这条命令下得相当及时，因为在他们眼前只有两条路可走：要么饿死，要么投降或者被俘。托马斯当即表示饿死也要坚守阵地。

　　10月20日上午，格兰特带着参谋人员出发了，当天到达罗斯克兰斯部队的供给地纳什维尔。虽然联邦政府控制了从这一根据地到田纳西河南岸的布里奇波特间的铁路。但是，由于布拉格占据了查塔努加西面的卢考特山和拉孔山两个东西制高点，控制了田纳西河南北两岸查塔努加与布里奇波特之间的铁路、河流以及最有利的货运道路，联邦军的所有补给只能通过河北岸的山路上迂回运来，距离增加到六十多英里，这无形中使后备资源的保障变得被动。

　　在纳什维尔，格兰特对局势的严峻性更加了解，当天晚上他发给托马斯一份电报建议他派大批人员修建从驻地到布里奇波特之间的货运道路。

　　21日上午，格兰特乘火车赶往前线，天黑后到达亚拉巴马的史蒂文森。罗斯克兰斯北上正好经过此地，他们在车厢进行了简短的交谈。罗斯克兰斯清晰地描述了查塔努加当前的形势，并给了格兰特一些绝好的建议。格兰特继续赶路，到达布里奇波特，骑马经贾斯珀，越过沃尔德伦岭，一路前往查塔努加。

由于降雨多道路泥泞，道路淤塞难行，有的地方甚至一脚踏下去没到膝盖，再加上那次坠马事件后格兰特还拄着拐行动不便，有些地方只好由人背过去，经过艰难跋涉终于在23日黄昏到达了查塔努加，格兰特直接前往托马斯将军的司令部。

当天晚上，格兰特致电华盛顿，向哈勒克将军告知自己已到达查塔努加，并且要求谢尔曼将军指挥田纳西兵团，而密西西比军区的司令部毫无疑问就这样直接被格兰特设在了战场上，格兰特这个军区的司令官仍然在前线奋斗不止。

4. 狭路相逢智者胜

10月24日，经过对地形的勘测，格兰特对部队进行了战略部署，他命令驻扎在布里奇波特的胡克将军渡河到田纳西河南岸，经由怀特塞德和华海特齐向布朗渡口进发。接着命令帕尔默将军率领14军的一个师由小路尽快到达怀特塞德对面，在胡克的部队渡过河后控制公路。他又命令黑曾将军指挥一千八百人在夜色的掩护下悄悄从卢考特山脚敌军的哨兵旁漂流过去，在布朗渡口南岸登陆悄悄俘虏或驱散敌方哨兵，并且命令史密斯将军带领四千士兵前往布朗渡口在黑曾将军渡河成功后立即搭建浮桥。

下达命令后各位将军积极配合立即展开行动。26日，胡克在布里奇波特渡过密西西比河，向东挺进。

27日凌晨5点，黑曾将军在布朗渡口登陆，利用奇招袭击了哨兵，几乎将其全部俘获。7点，史密斯的部队全部渡过河去，占领了渡口的一个制高点，迅速构筑起防御工事，与此同时开始建造浮桥。

28日下午胡克到达华海特齐的卢考特山谷，吉尔里指挥的第12军的一个师又停驻在南方三英里处，河上的敌军哨兵被切断了后路，只得缴械投降。这时候的交通已完全畅通，查塔努加的浮桥和布朗渡口新建的浮桥，加上不在南方军队控制范围内的公路，将交通脉络连接起来，供给线有了充分的保障。

在来查塔努加的路上，格兰特已经向纳什维尔发电报，要求大量供应部队长期缺乏的蔬菜、小额配给品。胡克从东部又送来了足够的陆上运输工具，布里奇波特的道路畅通后，部队很快有了足量的给养。士兵换上了新军装，不用再饿肚子，弹药也得到了补给，他们脸上都露出了久违的笑容，之前脸上的疲惫和虚弱之色一扫而光。

补给线的畅通阻止了布拉格想要把北方军队困死在山谷的计划，他深知这条线路意味着什么，就立即采取行动想要夺回。28日到29日夜间，朗斯特里特在华海特齐向吉尔里的部队发起了进攻，但是由于其军事力量不足以与卢考特山谷中胡克的力量相抗衡，最后仓皇溃逃，之后坎伯兰军团的供给线再没有受到过任何侵扰。

11月4日，朗斯特里特率一万五千人马以及惠勒的五千骑兵，从格兰特的前线经过去攻打伯恩赛德。这时候，伯恩赛德的部队处境十分艰难，虽然他们没有被敌军围困，但是他离联邦军的根据地相当的远。即使是最近的坎伯兰河沿岸的大南福克也有一百多英里，离铁路远再加上公路要翻山越岭，使后方补给也变得十分艰难，如今补给早就消耗殆尽，弹药匮乏，面包也是少得可怜。对此华盛顿方面很是担忧伯恩赛德的军队的安全问题，不断发电报催促格兰特设法救援伯恩赛德。格兰特对伯恩赛德的形势也是忧心忡忡。

7日，格兰特命令托马斯在朗斯特里特未到达诺克斯维尔之前，立即向敌人右翼发起进攻，迫使已行军到山谷的朗斯特里特部返回以减轻伯恩赛德部队的作战压力；另一方面格兰特敦促去后方修建铁路的谢尔曼尽快前来相助；与此同时，他鼓励伯恩赛德坚守阵地，并向他保证局势很快就会得到缓解，在14日格兰特亲自致电伯恩赛德说："谢尔曼部先头部队已到布里奇波特，至迟到星期二，全军整装待发。如果你能应付朗斯特里特，等待他的到来，或者通过小规模的伏击或撤退来赢得时间、避免造成人员严重伤亡，那么，我就能在此逼退敌人，并在朗斯特里特和布拉格之间部署军队，这肯定会使得朗斯特里特翻山越岭来获得给养。谢尔曼此前早就应该赶来，只是由于埃尔克河的水位过高，他只好逆河而上三十英里，然后渡河。"

格兰特在谢尔曼回到营地之前做好了作战计划。14日，谢尔曼抵达布里奇波特后，格兰特带着他和托马斯、史密斯以及一些其他的官员到河的北岸探查地形，说明自己的部署并说明谢尔曼的行军路线。

格兰特的战斗计划是这样的，首先谢尔曼跨越山谷建立起一道防线，将军队的左翼防线一直延伸到南奇克莫加河，并且向敌人的右翼部队发起攻击，对布拉格腹背的铁路线造成威胁乃至控制，迫使南方军队派部队增援，以分散其注意力，削弱其他防线的力量，从而切断其与补给基地奇克莫加站的联系。

与此同时胡克尽快从卢考特山谷进军查塔努加河谷，然后向罗斯维尔逼近，对南方军队的后方施加压力，迫使敌军派兵来此增援。托马斯则指挥坎伯兰军团，占领中央地区，趁敌人主要力量集中在左右两翼之时，发起进攻。这样三方同时行动，相互配合，让敌人措手不及。

时间就是生命，格兰特把计划介绍完毕，谢尔曼没有丝毫停歇，到布里奇波特监督实施作战计划。14日晚上直接离开前往查塔努加，并于15日晚上到达。16日早上进行勘查，晚上匆匆赶回部队监督作战。

20日，格兰特本人与先头部队已经到达布朗渡口，但是大部队却都还没有到达。天公不作美，又偏偏在20日、21日连降大雨，河水骤涨，部队只得在布朗渡口耽搁下来。浮桥位置不稳随时可能被冲毁，而此时诺克斯维尔那边战斗已经打响，战事极其紧张，更糟糕的是连电报讯号都被切断，伯恩赛德失去联系，形势很不乐观，作战行动已是刻不容缓。

23日，由谢里登和Ｔ．Ｊ．伍德统帅的格兰杰部的两个师，像军事演习一样排成一线，谢里登在右，伍德在左，前往伍德堡脚下，并让他们一直到西提柯溪都保持着队形，显然这样做是为了迷惑南方军队。

下午2点钟，伍德堡及其他据点的加农炮急速发出进攻讯号。在叛军的哨兵还没有反应过来的时候战斗迅速展开，他们只能退回到一些主要防守点，但这些防守点也很快被势如破竹的军队攻下，这次行动使得格兰特的防线向前推进了一英里。

当天晚上，谢尔曼的部队除了奥斯特尔豪斯师尚未从布朗渡口过河以外，其余都已渡河完毕，做好战斗准备。于是格兰特决定立即行动，24日谢尔曼马上进行部署，兵分三路袭击米申岭：M.L.史密斯率左翼部队沿奇克莫加河率先出发，J.E.史密斯所率右翼部队紧随其后，用于殿后，随机应变，防范右翼来敌。三个纵队很快到达山脚下，而此时敌军丝毫没有察觉，散兵迅速冲上前去，后援紧随其后。

下午3点半，谢尔曼夺下了米申岭高地，这时敌军才意识到了什么，开始向谢尔曼的进攻部队开火，想将散兵赶走，但是都失败了，可见战场上的时机多么重要，只得叹一句亡羊补牢为时晚矣。

谢尔曼这方局势就很好了，他们在新占领区域掘壕固守，修建浮桥命骑兵渡河，破坏敌人在奇克莫加站的通讯，一切都在顺利进行着。

谢尔曼夺下米申岭之后，主要目标变成了夺取主岭，但是那里地势更高还有重兵把守，夺取并不容易。25日天刚蒙蒙亮，谢尔曼的部队就已开始行动：卢米斯率部沿西侧行进，由西侧植被稀疏山势较为平缓的地方迅速登山，攻下敌军所有防御工事，约翰·E·史密斯师的两个旅紧随其后，在后面支援。摩根·L·史密斯率部沿米申岭山脚向东行进，由东侧林木繁茂、山势险峻陡峭的地方上山，以到达敌军与铁路桥中间的位置，切断敌军奇克莫加车站的铁路供应线。而科斯率一个旅在中间直接向山上进发，双方交战激烈，战争进入白热化阶段，双方死伤无数。布拉格意识到问题的严重性，赶紧调遣其他地方的兵力阻挡谢尔曼的部队。他把所有能调集过来的枪炮都对准了谢尔曼的部队，进攻已相当困难，处于前线位置的科斯形势相当严峻。

这种情况下，格兰特马上命令托马斯派一个师的兵力前去支援。由于距离远，花费了好几个小时以后，终于到达并进入战斗状态，但是他们并没有进行进攻。

格兰特既焦急又惊讶，当他问及事情缘由时，伍德师长说这是第一次接到命令。无奈，格兰特只得再次下令立即冲锋。这时有趣的事情发生了，没过多久就传来欢呼声。

伍德与谢里登直奔米申岭的敌人冲了过去，很快攻下了山脚下散兵壕前的部队，并紧随他们冲了上去，几乎与叛军同时越过了第一道防线。许多叛军被俘获，这时候两军已混在了一起，事实上，这也保障了联邦军的安全。他们不等再次下令或停战休整，又冲上了第二道防线，一直追击到了山顶，一举完成了格兰特的冲锋命令。

之后，一片混战，敌军溃败，查塔努加会战大获全胜，联邦军队的骁勇善战、不服输的冲劲儿给战争画了个胜利的句号，正是应了那一句"狭路相逢勇者胜"，而在这场胜利里，毫无疑问，格兰特将军是功不可没的。

关于这次战争，格兰特在回忆录里写过这样一段话：

"考虑到敌人的地理优势，查塔努加会战可谓反败为胜，而且赢得比预想要容易，这主要因为布拉格所犯的几次致命性错误：第一，将能征善战的将领连同两万部队派往他地；第二，战斗前夕又派走一个师的兵力；第三，在要塞下的平地上部署了太多兵力。"

可见对于这次会战，格兰特并没有居功，并且能够在事后冷静客观地分析形势，这都是十分难得的。

5. 晋见林肯

查塔努加会战胜利后，格兰特把注意力转向了救援诺克斯维尔上，他命人把旧船改装成两艘小汽船。命令托马斯将一艘船装满食品弹药，逆水而上至霍尔斯顿河口，一艘与部队同行，又命令格兰杰攻下米申岭后立即前去增援。但是格兰杰并没有动身前往，认为这种做法是不可取的，而伯恩赛德那边的补给只能维持十天到十二天，如果之后他得不到援助，并且弹药不足，他们连撤退都很难做到，只有投降这条路可走，因此，格兰特只得指示谢尔曼将军前去诺克斯维尔实施援助。

23日晚，谢尔曼的部队从查塔努加附近的田纳西河北岸出发，最初预计两天就能回来，便只带了两天的粮食。可是糟糕的是，他们五天都没有到达，并且天气已变冷，部队还没带大衣和毯子。这几天他们的日子并不好过，整日承受着饥饿和寒冷的困扰。幸好找到了一些面粉和麦麸，制成了面包勉强填饱肚子。经过一番艰难跋涉，他们抵达了诺克斯维尔。

谢尔曼到达后，布拉格派巴克纳师去增援朗斯特里特，并且在第二天，他又派了另一个师出去，格兰特抓住这个机会发起进攻。布拉格只得下令还未到达诺克斯维尔的军队调头回来。

然而，由于距离已远他们并没有及时回到查塔努加参加战斗，就这样，诺克斯维尔之围解除，伯恩赛德一直追击朗斯特里特的部队到斯特罗伯里草原。谢尔曼回到田纳西河的旧营地，根据指示将部队部署在了田纳西河一线，格兰特将军在12月24日，将司令部搬到了田纳西州的纳什维尔。

整个冬天，格兰特着手将部队进行调整，力图占据最有利的位置，同时征集必要的给养，做好亚特兰大战役的准备。并且他计划在攻陷亚特兰大以后，从莫比尔湾向莫比尔发起进攻，占领莫比尔地区，将亚特兰大与莫比尔连接起来，控制奥古斯塔到亚特兰大再到西南的铁路线，以将李的部队与西线切断。但是，春季的莫比尔战役并没有打起来。

格兰特的大儿子染上重病情况极其危险，在圣路易斯养病，2月24日，格兰特获准去看望他的大儿子，他知道，这一面很可能是最后一面，甚至可能看到的是冰冷的没有心跳和脉搏的一具躯体，这对于一个父亲来说，是一个沉重的消息。格兰特这位父亲将悲伤深藏在了心底，在回忆录里，对于当时的心境他并没有多加描述，只是说了一句："我已经不指望能活着看到他本人了。"

身在战场上，他把更多的心思放到了军区和对春季战役的准备上，并且那时候格兰特虽然获准离开维克斯堡，但是上面并不允许他将指挥权交给他人，而是让司令部随他前往。因此，他仍然像在纳什维尔一样忙碌着，与各地的部队以及华盛顿保持联系。但是总算天佑格兰特，他的儿子状况尚佳，甚至他的儿子还和他一起晋见了总统。

3月3日，格兰特受命前往华盛顿，晋见总统亚伯拉罕·林肯。在此之前，恢复格兰特中将军衔的议案在国会通过并在2月26日成为一项法案，并且他的任命在3月1日被送往参议院，2日得到批准。

9日，林肯总统在白宫亲自给格兰特颁发了委任状，并且做了书面讲话，并且由于总统知道格兰特厌恶在公众场合下演讲，就特地在委任仪式前写了书面材料，给他誊写一份，以便格兰特提前准备几句话作答，这也表明了总统先生对格兰特的重视。

总统的讲话是这样的：

"格兰特将军，在当前这场伟大的斗争中，国家对于你所建树的功勋表示嘉奖，对于你能够完成今后的任务表示信任，因此，现特授予你合众国陆军中将军衔。给予你这一崇高荣誉的同时，也意味着把相应的重任交付给你。国家既然信任你，那么，在上帝的庇佑下，它必将支持你。我无须再说明，在这里我代表我们的国家所说的话，和我自己的心意是完全一致的。"

"总统先生，我接受这项任命，这是给我的至高无上的荣誉，衷心感谢。我们伟大的军队已为我们的祖国身经百战，在这样一支卓越队伍的支持下，我将竭尽全力，不辜负您的期望；我深切感受到，现在托付给我的责任重大，同时也懂得，只有依靠军队，特别是指引我们的国家与人民的上帝，我才能完成这一重任。"

格兰特的回答表明一个身经百战的将军对祖国无限的热爱和为祖国竭尽全力奉献自己的誓言。至此，白宫的授任仪式圆满落下帷幕。

在来华盛顿之前，格兰特是想要继续留在西部的，毕竟那里有出生入死的一群战友。但是到了华盛顿以后，他发现了人有时候是需要向前，更好地实现自己的价值奉献自己的光和热，他说："有时，人们想停止自己原有计划，去寻求其他东西，没人能抵抗得住这种想法。"

10日，格兰特去布兰迪基地视察了波托马克军团的指挥部，接着匆匆赶回西部安排那边指挥权的交接，并对春季战役的准备作了一些纲领性的指示。他推荐谢尔曼接替他在西部的位置，麦克弗森接替谢尔曼担任军团司令，由洛根指挥麦克弗森军团。

3月18日，谢尔曼接任密西西比军区司令，管辖阿勒格尼山脉以西及纳奇兹北部所有军队，在查塔努加周围驻扎着相当大的机动力量。格兰特和谢尔曼一起离开了纳什维尔，前往辛辛那提，在路上进行了不少交谈，讨论了春季战役打响后两方面军的合作事宜，以及恢复一些以前担任重要岗位将领的职务，如东部的麦克莱伦、伯恩赛德、弗里蒙特和西部的比尔、麦库克、尼格利、克里腾顿等小问题，这些都为以后的统率全军做着准备。

这时候，整个美国的军事形势是这样的：密西西比河的北面，北方军队拥有了以北的西北地区；密西西比河的东面，北方军队控制了几乎整个田纳西州，从孟菲斯至查尔斯顿铁路以北，再向东延伸到查塔努加，再加上田纳西河与霍尔斯顿河一线；西弗吉尼亚州、老弗吉尼亚州、拉皮丹以北、蓝岭以东的地区也已属于北方军队；海岸上，弗吉尼亚州的门罗堡和诺福克，北卡罗来纳州的普利茅斯、华盛顿和新伯尔尼，南卡罗来纳州与佐治亚州的博福特、福利岛、莫里斯岛、希尔顿黑德岛、罗亚尔港和普拉斯基堡，佛罗里达州的费尔南迪纳岛、圣奥古斯丁、基韦斯特、彭萨科拉都到了北军的手里。而南方其余广大领土，则在南方政府手中。

3月23日，格兰特将军返回了华盛顿，26日，将指挥部搬到了波托马克军团司令部南面的库尔佩珀县政府所在地，开始统帅全联邦政府的陆军并为春季战役进行全面准备和部署。

6. 亚特兰大之战

格兰特开始统帅整个陆军时，对整个军事形势进行了分析（前一节已经大致进行了介绍），并且对联邦部队的力量现有分布进行了整体性的了解。

在西线，分布着四个军团，斯科菲尔德将军指挥的俄亥俄军团，托马斯将军指挥的坎伯兰军团，麦克弗森将军指挥的田纳西军团，斯蒂尔将军指挥的跨密西西比军团，即阿肯色军团，形成密西西比军区，由谢尔曼担任总司令（最后一个军团因距离太远，谢尔曼无法与其保持通信，春季战役开始后被划归格尔夫军区，由坎比将军任总指挥）。

在东线，仍然僵持在联邦和邦联的首都之间，部队主要分布在弗吉尼亚以及北卡罗来纳州的海岸线上，里士满附近的詹姆斯河和奇克哈莫尼河到宾夕法尼亚州的葛底斯堡与钱伯斯堡战争不断，双方势均力敌。波托马克军团单独设立，其部分兵力驻扎在拉皮丹河北岸，与驻扎在河南岸的北弗吉尼亚军团对峙。

在分析过程中，格兰特发现联邦军队现有的十九个军团并没有连成一线，各支部队都是各自为营独立作战，这就给了邦联军可乘之机。格兰特清晰地认识到应该把部队集结起来增加战斗力，只是道路问题还有一些调动能否圆满解决是个未知项。

另外，格兰特发现首先敌后力量的作用与其人数不能成正比，于是他下令减少了南部敌后力量的兵力，把腾出的人马编入两翼壮大前锋力量，仅在敌后方留够用以坚守阵地、防止敌军突破封锁的兵力。

邦联军在密西西比河以东的主力部队是驻扎在拉皮丹河南岸由罗伯特·E·李将军指挥的北弗吉尼亚军团，以及驻扎在佐治亚州的多尔顿由约瑟夫·E·约翰斯顿将军指挥的部队，联邦军队与这两个部队对峙的分别是波托马克军团以及驻扎在在查塔努加的谢尔曼。另外由于谢南多厄谷是为部队提供给养的地方，所以邦联军在此处还有里士满到田纳西的交通线路驻扎部分部队。

对此，格兰特作战的总体计划是集中所有的兵力全线向邦联军发动进攻：谢尔曼向约翰斯顿部与亚特兰大进发；波托马克军从左翼进攻也就是绕敌人右翼；西格尔沿弗吉尼亚谷地布兵保护北部，提防敌军的入侵；巴特勒经詹姆斯河向里士满与彼得斯堡进发。

现在我们先把焦点放在向约翰斯顿部与亚特兰大进发的谢尔曼，他立即着手准备春季的战役，也就是我们后来要说的亚特兰大之战，他们要一举消灭约翰斯顿部队，夺取亚特兰大。

约翰斯顿部队驻扎在多尔顿，位于查塔努加到亚特兰大的四分之一处。从多尔顿到亚特兰大，绵延分布着大大小小的山群，也散落分布着山溪，并且与亚特兰大相比，多尔顿地势是比较高的，所以溪水流向亚特兰大的方向，各个支流汇成一条干流，先是由东西向，然后由东北向西南方向流。

整个冬天约翰斯顿部队也没有闲着，也在为春季的战役做着准备，他们把多尔顿到亚特兰大一路上所有的易守难攻在作战上具有战略意义的地段都挑选了出来并且建筑防御工事，这样大大强化了邦联军队的防御系数——如果一个阵地被谢尔曼军攻破，后方又有另一处防御工事进行抵挡。这样一来，约翰斯顿的阵地防御工事可以说是固若金汤，这对于谢尔曼来说，毫无疑问地增加了他攻克敌军防线的难度。

但很快谢尔曼也发现了多尔顿防御工事的坚固，即使用常规方式来靠近都不现实，更别提靠军事力量硬攻了，这只会增加部队的伤亡人数，他无意向这扇"可怕的死亡之门"发动进攻，而是把目光放在了联邦军与邦联军相对峙的山间的一个峡谷，那里有一条河流、一条马车路和一条铁路穿过，无疑通过峡谷过去对部队来说是个不错的选择。

于是，谢尔曼一面派托马斯和斯科菲尔德向邦联军防线佯攻，一边让麦克弗森的部队向右移师迂回，迅速通过位于约翰斯顿左翼南面的一个山口，在里萨卡切断铁路线，攻打敌军的后方，打了约翰斯顿一个措手不及。这次奇袭发生在5月13日，敌军约翰斯顿被迫放弃多尔顿阵地。

15日，双方军队又在勒萨卡附近展开了一场激战，但是，由于麦克斯韦森派骑兵迂回到敌军右侧，已到达其后方的铁路，约翰斯顿再次溃退，谢尔曼的部队乘胜追击，除了牛顿师追上约翰斯顿的后方部队时打了一仗外，一路上双方几乎没有交战，在19日追击到了金斯顿，这时由于约翰斯顿在撤退时彻底把铁路给破坏了，谢尔曼只得停下来，重新铺设铁路，以便保障补给的供应。

23日，铁路还没有铺设到谢尔曼部队的后方，谢尔曼军队又开始追击，一直追击到了阿拉图纳附近。

阿拉图纳地形复杂，防守坚固，易守难攻，谢尔曼放弃了正面的进攻，而是派大量兵力从达拉斯前往敌人后方，准备从外围包抄敌人。可由于邦联军已在路上掘壕固守，结果仅在一个叫纽霍普教堂的地方激战了一个星期。

谢尔曼只好先在部队的左侧修筑工事进行防御，尽可能向敌军逼近，尤其是向敌军的骑兵逼近，与此同时他还下令延长防线，向左侧的铁路靠近。

直到6月4日，约翰斯顿在谢尔曼迅速展开的围攻形势下，急忙撤离了阿拉图纳，到肯尼索山上构筑新堑壕，控制了离亚特兰大只有25英里的玛丽埃塔。而阿拉图纳地理位置优越，在继续行军前谢尔曼修筑了坚固的工事，把这儿直接作为二级军备供应基地。

联邦军由于阴雨连绵而耽搁了一段时间，谢尔曼猜想，自己一直回避正面进攻，南方邦联军对正面战场可能会有所放松，现在攻打可能能打敌军一个猝不及防。于是，在6月27日，他下令拉开战线，逼近敌人，向凯纳索山的堑壕发动了两次彼此相距一英里的同时攻击。这是战役中唯一一次正面进攻，但是两场进攻都彻底失败了，联邦军在几分钟时间里损失了3000人，这样的伤亡是相当巨大的。

值得赞赏的是，谢尔曼对这种战术只尝试了一次。一失败，谢尔曼便立即筹划采取新的行动，沿着敌人侧翼迂回——斯科菲尔德在左侧开辟了战场，骑兵向敌军后方进逼。

7月3日，战斗结束，约翰斯顿早已撤走。谢尔曼立刻发起追击，他放弃了铁路，留下强兵在堑壕里坚守，带足二十天的给养和充足的弹药，通过铁路，亲自率部前去追击。

7月5日，约翰斯顿在查特胡奇河又一次被包围，谢尔曼轻而易举地占领了查特胡奇河，约翰斯顿又一次被从侧翼赶出了阵地，由于害怕侧翼的迂回战斗，9日夜里，渡河后退。谢尔曼的老战术再次奏效，大军最终得以向亚特兰大进发。

而约翰斯顿在这场战役中采用的战术，并不受欢迎。他的最后一次撤退使南部对他的批评达到高潮，戴维斯总统再也无法忍受，于7月17日，解除了约翰斯顿的职务，把指挥权交给了以其蛮干和愚蠢而声名狼藉的约翰·贝尔·胡德。这对谢尔曼来说无疑是极好的消息，因为换司令官意味着政策的变化，邦联军队需要时间来适应调整，再加上胡德从未领会米尼式枪弹和战场工事的构筑所带来的兵法上的深刻变化，这都给了谢尔曼一个极好的发动进攻的机会。

谢尔曼也在后来说过："解除约翰斯顿的职务是邦联给予我们的最宝贵的帮助。"他还说："胡德以咄咄逼人的斗士而闻名，我们所期望的……乃是在空旷地或任何相等的条件下作战，而不是强攻严阵以待的堡垒。"

胡德激进的个性一改约翰斯顿的防御打法，他开始采取进攻姿态，主动与谢尔曼的军队对垒前线，他凭借亚特兰大城外非常坚固的工事以及长达一英里半的将整个城市团团围住的堡垒有恃无恐地发起攻势。

20日，胡德向坎伯兰军团发起猛烈攻击。谢尔曼立即命令迎战，以胡克军团、牛顿师、约翰逊师为主力与胡德交战。战斗持续一个多小时，既漫长又短暂的一个多小时，双方损失都很惨重，邦联军被迫退到主防线内。

到晚上的时候，胡德彻底放弃了外防线，谢尔曼大军向前推进，丝毫没有放松对亚特兰大的包围。21日的晚上，谢尔曼的军队已开始向胡德的大后方移动，此时胡德部又一次冲了出来，对联邦军队的左翼进行了包抄。这次的进攻使联邦军队相当的意外，邦联军在开始时占了优势。但是由于联邦军的参战者都是久经沙场的老战士，有相当的实战经验和心理素质，没过多久就弄清了敌人的具体位置，重整旗鼓，与敌人展开了殊死搏斗。这场战斗几乎持续了22日一整天，战场也在不断地扩大，甚至扩展到了七英里外，终于在天黑前，邦联军被赶回到城里。在这场战斗中，很不幸的是麦克弗森将军牺牲了，对此格兰特和谢尔曼都深感惋惜和难过，格兰特在回忆录上更是称"我军丧失了一位能征善战、最纯洁和最优秀的将领"。

谢尔曼由于没有足够兵力包围亚特兰大，所以他计划切断铁路线，以饥饿相威胁，迫使邦联军撤出亚特兰大。于是命令加勒德率骑兵去亚特兰大东面切断前往奥古斯塔的铁路。他顺利完成任务后，谢尔曼又命令霍华德以新司令员的身份率领麦克弗森部绕过亚特兰大，去切断胡德剩下的唯一的铁路联系——通向西南面蒙哥马利的线路和通向东南方梅肯的路线。

28日，霍华德的部队刚刚占领了亚特兰大西面几英里的伊兹拉彻奇附近的阵地，胡德就用一个师对霍华德发动了一场正面进攻，这场战争相当惨烈，多亏了霍华德的部下们已经筑起了一道圆木胸墙，最终阻止了这场攻击。但是胡德并没有因此放弃，他又加派了两个师，重新发动攻势，但都以失败告终。最终胡德损失了4600人，而霍华德却只伤亡700人，这三次惨败严重挫伤了邦联军队的士气，胡德因其执迷不悟的强攻受到了戴维斯总统的训斥。

此时，约瑟夫·惠勒统帅几乎所有邦联的骑兵，开始发动长距离的奔袭，试图切断谢尔曼同查塔努加的铁路联系。大约8月4日，他攻上了萨卡以北的铁路，实施破坏活动，在玛丽埃塔和多尔顿两地之间切断了铁路上的一些路段，使谢尔曼与北方政府的联络被切断，并且惠勒试图奔向田纳西州，企图在那里切断铁路线，诱使谢尔曼撤军。但这显然是相当荒唐的，因为对使用膛线枪的步兵来说，骑兵是又大又容易击中的目标，而下马作战又丧失了机动性。而谢尔曼此时以牙还牙，直接下令破坏了邦联军的通讯线。8月18日晚间，基尔帕特里克率部出发，在琼斯伯勒附近到达梅肯铁路。他完全绕过亚特兰大的邦联军防线，顺利切断铁路线并于22日返回谢尔曼的左翼阵地。

8月25日，谢尔曼又一次使用侧翼包抄战术，在敌人的后方集中优势兵力，发动最后的行动，虽是以寡敌众，还是于8月31日击退了邦联军。9月1日谢尔曼到达亚特兰大南二十英里的铁路，这时邦联军将领哈迪也已严阵以对，随着第一声枪响，战斗打响了。胡德由于随时都有被包围的危险，就烧毁了城里有军事价值的全部设施，于9月1日至2日夜从亚特兰大撤出了其余的部队和佐治亚州民兵。3日，联邦军开进亚特兰大，谢尔曼电告华盛顿："我军攻克亚特兰大，大获全胜。"这场战役历时约四个月，是内战时期最难忘的战役之一。各报纷纷赞扬谢尔曼是拿破仑以来最伟大的将军，有位纽约人在9月3日写道："今天上午的消息大快人心——亚特兰大终于被攻克！！！它是（在这次政治危机中迎来的）这场战争中最伟大的事件。"林肯、格兰特和哈勒克也都热情洋溢地祝贺了谢尔曼将军。

7. 最残酷的一场战争

在西线精彩的亚特兰大之战之后，我们把焦距拉过来，看一下东线的战况，在这里，在1864年的5月5日和6日，有一场据称是美洲大陆有史以来最残酷的战斗在拉皮丹河附近迅速打响又迅速落下帷幕。

南北战争的最终目标，对于北方军队来说，当然是夺取邦联首都，在5月3日，随着波托马克军团在夜色中从拉皮丹河北岸的阵地整军出发，这一目标被提上了日程。这只能说明是看到了胜利的曙光，但要想实现，这中间的道路还有很多曲折要走，还有很多困难要吃，还有很多硬仗要打，胜利是漫长的殊死战斗换来的，正如冰冻三尺非一日之寒，这个进程，并非一朝一夕能完成的。

每一场战争，都充斥着浓重的血腥，这场战争也已经打了三年。这三年里，双方的损失都非常严重。阵亡、疾病、俘虏、受伤无数，这也正是战争的悲哀。即将打响的这场以夺取邦联首都为目标的战役，势必相互厮杀得更加惨烈，双方的损失也注定比之前更加严重。

波托马克兵团是由 W．S．汉考克将军、G．K．沃伦将军、约翰·塞奇威克将军分别指挥的三个步兵军团和P．H．谢里登将军指挥的一个骑兵军团，再加上由亨利．J．亨将军指挥的炮兵军团组成。

军团人数众多，浩浩荡荡地从拉皮丹河到詹姆斯河渡口行军，行军多走的是乡间道路，路面狭窄，崎岖不平，路况恶劣，利防不利行，另外这里森林茂密，有些地方甚至步兵都几乎难以通过，只能沿道路行军。并且河流无数，大军渡河之处多在离滨海潮汐侵入处不远的地方，再加上所有桥梁在联邦军到来之前都已遭到破坏，使行军速度不易加快。

J．H．威尔逊将军率一骑兵师首发，沃伦将军指挥的第五军作为右路先锋紧随其后，第五军的后面是塞奇威克将军率领的第六军，三个军团浩浩荡荡有条不紊地向位于李部右翼防线南9～10英里的赫马尼亚浅滩挺进。

东面，在格雷格率领的骑兵师开路下，汉考克率第二军从另一条路上出发，直接前往大约处于赫马尼亚渡口南六英里处的伊利浅滩，炮兵为其殿后。为防止敌军渡河攻击部队的后方，托伯特的骑兵师留在拉皮丹北岸待命。由于担心部队渡拉皮丹时耽搁的时间太长再出现什么变故，伯恩赛德率领的第九军，就留在了沃伦顿，守护并控制从布尔河延伸过来的铁路。

李显然没有防备，4日早上天还没有亮，骑兵轻松夺取了邦联军的两个渡口，驱散了其哨兵，大约6点钟的时候架起浮桥，步兵、炮兵向河的对岸渡去。

5月4日一早，李部通信部队就发现波托马克军团的行动，但是直到下午1点才搞清楚行军路线。他立即命令希尔、尤厄尔、朗斯特里特率领部队从右翼袭击波托马克军团。接到命令，希尔从奥兰治乡间路上前来，朗斯特里特紧随其后，下午三四点钟，到了二十多英里外的戈登斯维尔。尤厄尔奉命也从奥兰治派克发起进攻，晚上已到达迈恩河东约四英里处。

这场战役是格兰特亲自指挥作战的，在所有部队都开始行动后，他也从库尔佩珀县城的司令部，迅速赶往前线，并且在塞奇威克军之前渡过了拉皮丹河，之后，在河边一座废弃的房子里建起了临时司令部。

骑兵师步兵渡河后，向前继续进发。威尔逊师经由莽原客栈，到达了奥兰治乡间路上的帕克斯多，沃伦部在威尔逊部的后面到达莽原客栈，夺取了阵地，筑起了壕沟；塞奇威克部跟随沃伦部，在沃伦部右翼的河南岸安营扎寨；汉考克率第二军与沃伦平行前进，在其东侧六英里处扎营；格雷格部向左行进，靠近钱瑟勒斯韦尔，所有部队安全抵达。

伯恩赛德部在波托马克军团安全渡过拉皮丹河后，也迅速展开行动，经过一夜行军，四十英里的艰难跋涉到达了河岸。5日早上，部队已经开始过河，那时邦联军有部队就在附近，形势危急，格兰特亲自留下催促过河，并命令米德率部队前往河南面四英里处的老莽原客栈，同时他的临时指挥部也搬到了米德部的驻扎地。

根据破获的叛军信号——李指示部队占领迈恩河战壕，于是格兰特通过米德将军下令，5日早提早开拔，命令驻扎在帕克斯多的沃伦部、威尔逊部向克雷格教堂前进，塞奇威克跟随沃伦，封锁右翼。波托马克军团向西挺进，汉考克向西南前进，向谢迪格罗夫教堂进军。

6点钟，沃伦发现了敌军，那时还未到达帕克斯多，收到报告后，格兰特立即命令他们停止前进，在奥兰治乡间路与收费公路两处做好迎敌的准备，当一切准备就绪后就要立即展开进攻。并且命令塞奇威克军的赖特师以最快的速度赶往沃伦右翼，格蒂师迅速赶往沃伦部的左翼。

战役的关键是要占先机，9点钟，沃伦在做好了准备后，立即开火，一阵猛攻后，初战告捷。只是格蒂与沃伦有一点被隔离开来，在一段时间里格蒂的形势比较严峻。格兰特立即下令汉考克去支援格蒂，又指示格蒂在救援到来之前，要不惜一切代价守住阵地。

汉考克接到命令立即动身前往，大约在正午时分到达格蒂的阵地，2点钟左右，他的部队也陆续到达，与格蒂会合后立即投入了战斗。4点钟，格兰特又一次命令他发起进攻，几分钟后米德也下令格蒂将军不管汉考克是否做好准备都要迅速出击。格蒂在赫思城下几百码内与邦联军遭遇。汉考克立即派出两个师，后又加派两个旅，前往增援，及时救了格蒂。格蒂在战斗中负伤，仍坚持指挥作战，誓死捍卫战场。

5月5日的战斗结束后，格兰特开始下达了第二天上午的作战命令。那时朗斯特里特正率领部队赶向布罗克公路附近，去增援希尔的右翼。由于担心叛军上午会主动发起进攻，格兰特就下令拥有半个波托马克军团兵力的汉考克在5点的时候开始进攻。又下令前一天夜里到达，在汉考克右翼拉开战线的沃兹沃思师与汉考克同时行动，进攻希尔左翼。同时命令在沃伦与沃兹沃思之间布好战线的伯恩赛德率两个师尽快发起进攻，成功冲破敌人中央防线后，向左迂回，包围李军右翼。他还下令让塞奇威克与沃伦向各自的前方发起进攻，尽可能牵制住更多的敌人，不给敌人增援的机会。

汉考克接到命令后严阵以待，抓紧时间为不久后要进行的战斗做准备，这时候他得知朗斯特里特部一分队正在沿卡萨宾路向联邦军进发，可能会威胁到左翼后，就立即派巴洛将军率领一个步兵师，带着部队所有大炮，去拦截朗斯特里特。同时下令其余人发动进攻。汉考克和沃兹沃思分别从奥兰治乡间路左侧和右侧同时发起攻势，双方士兵浴血奋战，展开了殊死拼杀，大约一个小时，敌军开始溃退。

6日上午，邦联军将领斯图尔特率领的骑兵试图进攻联邦军的左翼及后方，这时谢里登已经奉命与汉考克左翼接应，于是邦联军骑兵的攻势遭到了谢里登部队的抗击。双方在弗尼斯公路与布罗克公路交叉处及托德客栈几次对战，谢里登都把斯图尔特击败。

双方交火时的枪炮声使汉考克误以为是敌军要从弗尼斯公路和布罗克公路来发起攻势，于是下令继续加强阵地，死守住布罗克公路的入口，这件事其实削弱了汉考克进攻纵队的力量。另外，他发现有军队从托德客栈向他这边接近，以为是邦联军进犯，于是立即派布鲁克旅迎击，可结果根本不是什么邦联军，而是从钱瑟勒斯韦尔回来的几百名康复的伤员，在返回部队的路上经过汉考克进军的道路，而这次调兵也削弱了汉考克主力进攻部队的力量。

基于以上情况，格兰特又下令伯恩赛德派遣一个师前去增援汉考克。终于，在上午希尔退兵了，汉考克立即组织部队前去追赶，一直追到一英里以外，才返回阵地。

下午的时候，邦联援军朗斯特里特到达前线，向汉考克发起了突袭，希尔溃退的部队由于有了援兵，气焰暴涨，也随即跟着杀了回来。他们凭借密林的掩护，进入到汉考克阵地几百码内才被汉考克的先头部队发现，汉考克的一个先头旅没有反应过来，眨眼工夫就被消灭了。这时邦联军气焰更胜，他们一鼓作气，乘胜进击，向莫特的部队扑去，莫特显然也有些始料未及，乱了阵脚，慌忙间只得先撤退。

对此，汉考克急忙做出部署，又在前沿阵地上坚守了一段时间，可是由于火力凶猛只得先退回了上午的坚固阵地。在这场战斗中，沃兹沃思身负重伤，被邦联军俘获。而在邦联军这边，虽然攻势凶猛，但是他们的詹金斯将军阵亡，朗斯特里特也负了重伤，几个星期都不能上阵指挥作战，只得被迫离开战场，从这方面说，李部的损失也是极为惨重。

朗斯特里特离开战场后，李决定亲自上阵行使对右翼的指挥权，他并没有再次集结部队攻打汉考克的阵地，而是下令部队从前线撤退整顿。

大约在下午的4点15分，李发兵进攻联邦的左翼部队，并且攻势相当猛烈，进攻线不断向前推进。离联邦军的防线不到一百米了，莫特师的一个部以及伯尼师的沃特旅匆忙迎战，大约开火了半个小时，由于抵挡不住李的攻势只得放弃阵地，在混乱中向后方撤退。

李部借此突破了防线。格兰特得知左翼情形危急，派遣塞奇威克右翼的部队前去支援，而汉考克也根据形势随机应对，经过艰难厮杀，李部总算被击退了。而吉本师的卡罗尔又带着自己的旅，以迅雷不及掩耳之势，向敌人发起了反攻，这次给李部造成重创，他们最终撤退了。

由于格兰特派遣塞奇威克右翼的部分部队去增援左翼，给了邦联军可乘之机，使右翼部队也陷入危险之中，而且可能切断与补给基地的联系。虽然危险有所预见并且塞奇威克也在右翼掘壕固守，但是当6日傍晚，厄尔利率部队向塞奇威克右翼发起进攻时还是引起了相当大的混乱，塞奇威克方被俘了几百名战俘，其中还包括两名将领，他将防线向后方调整进行防守，另外由于厄尔利的防守战也打得异常猛烈，夜幕降临时，军队乱作一团，他们没有办法继续向前进攻。后来，这场如灾难般的战争没有继续蔓延。

6日的战斗从早上5点开始，一直持续到晚上。全线作战与局部战斗并存，战场也宽度不一，有的地方由于交火过猛，医疗人员根本无法接近，双方阵亡及重伤的士兵数不胜数，这次战争被格兰特将军在回忆录里称为是美洲大陆有史以来所经历的最残酷的一场。

8. 好运眷顾格兰特

7日下午，格兰特得到消息说谢尔曼当天可能已向约翰斯顿发起进攻，巴特勒也已经在5日攻下了锡蒂波因特。由于担心李会赶在前头回到里士满，增援敌军，击溃巴特勒，格兰特当即下令日间做好准备，夜间行军，攻击李军左翼：命令威尔逊骑兵师去夺取斯波特西尔法尼亚县城阵地，谢里登部去攻陷托德客栈阵地。威尔逊依令率所部骑兵师向斯波特西尔法尼亚发动攻势，成功攻陷斯波特西尔法尼亚。依照指示，谢里登部在托德客栈向李部发动进攻，一直到后半夜，最终将其彻底击败，夺下了阵地，为部队晚上行动打通了道路，又命令到达托德客栈后的梅里特，守住李军去往斯波特西尔法尼亚的必经之路。但是，由于米德更改了下达给梅里特的命令，并没有挡住安德森率领的邦联军队，威尔逊骑兵师面对顺利渡河而来的邦联军，无法抵挡，只好放弃了斯波特西尔法尼亚。

安德森在沃伦前方筑起防御工事，沃伦不知安德森部已经到达，还误以为他们是那天上次交战的骑兵，于是立即发起进攻，但却被击退了。他动用了所有的兵力发起了第二次进攻，夺取了敌人前方的一块阵地，筑起了工事。卡尔特指挥左翼的沃兹沃思师和右翼克劳福德师，迫使敌军后撤了一段距离。

格兰特获知这一消息，急于在李增援之前彻底打垮安德森部，他立即命令塞奇威克率部以及在托德客栈的汉考克部再加上在奥尔德里奇守护辎重车队的伯恩赛德部组成了联合部队前去增援。结果，到了夜间联合部队才做好进攻的准备，并不是特别及时，而沃伦已经发起了最后一次进攻，一个师一个师轮番上阵，最终失败了。

截至9日中午，两军阵地布局如下：李军阵地在城外，面向北、西北、东北三面，形成半包围之势。安德森在李部的左面，一直延伸到波河，紧挨着他的是尤厄尔，接着是厄尔利。联邦军这边，沃伦部在右侧，控制着布罗克及在斯波特西尔法尼亚交会的一些公路，赖特指挥的第六军在沃伦的左侧，伯恩赛德在最左边，据守托德客栈的汉考克率部赶来，在沃伦右侧布阵。汉考克军的第四师，即莫特师，也被调了过来，安置在第六军左侧。

11日，格兰特命令汉考克，在夜幕掩护下，带部队从沃伦部与赖特部后方迂回到赖特部左侧，次日凌晨4点向邦联军防线中右部发起进攻。又命令伯恩赛德部，在同一时间从左侧发起攻击。又命令沃伦部与赖特部作为后援做好随时战斗的准备。

根据指令，各部迅速行动起来，汉考克以最快的速度发起进攻，行军途中未放一枪一弹，当进入敌军阵地四五百码地带时，向敌人猛冲，越过了敌人的胸墙。其巴洛部与伯尼部同时进入敌人阵地，与敌人短兵相接。

战斗很快结束，汉考克立即将缴获的大炮对准了敌人，进入其防线。李无法承受这样惨痛的失败，千方百计想夺回失去的阵地，他左翼抽调大量兵力涌向被突破的防线，发起了五次疯狂的进攻，但都没有将汉考克从新的阵地上赶走。

接下来进行作战的区域，对于联邦军队来说是完全陌生的，他们没有向导，也没有地图，不知道路在哪里，也不知道通向哪里，只得自己摸索找路前进。但是这里路况尚佳，道路宽阔，便于行军。这时候格兰特行军的路线是向南的，尽量使各军团相互之间不会隔得太远。

为了牵制李的兵力，伯恩赛德部与赖特部留在斯波特西尔法尼亚，佯装进攻，而汉考克部与沃伦部为了切断李撤退里士满的道路，立即展开行动，汉考克率领军队一马当先，向南进军鲍灵格林和米尔福德。

21日晚，到达米尔福德，在那里与从里士满前去增援李部的一个特遣部队狭路相逢，双方交战，特遣部队被打跑。21日上午，沃伦率部赶来，晚上到达吉尼车站。之后，伯恩赛德部与赖特部也赶往吉尼车站。

这样的步兵方式实际把主力部队分散开来，这其实给了李一个极好的机会，既可以向赖特部与伯恩赛德部发起进攻，也可以去攻打汉考克部和沃伦部，但是，不知他是不是被格兰特迷惑住还是另有别的主意，或是接到别的命令，反正他没有这么做，只是在防线内活动，没有主动出击，因此他也永远失去了狠狠打击联邦军队的时机。对此，我们不得不叹一句好运眷顾的是格兰特啊。

29日，经过火力侦察，确定了李的阵地，于是命令赖特部向汉诺威县城进发，汉考克部向托托帕托莫威溪进发，沃伦部则向谢迪格罗夫教堂进发，伯恩赛德在后方防备。

30日，汉考克到了托托帕托莫威溪，由于敌人防守坚固，只得调赖特部到汉考克部右侧，伯恩赛德部到汉考克部左侧布阵。沃伦部行军到谢迪格罗夫教堂路上的亨特利拐角附近时，厄尔利向其发起猛攻，把他压了回去。左翼受到威胁，格兰特立即派汉考克部在其前线进攻，分散其注意力。这期间，沃伦重整队伍，一鼓作气，最终击退了厄尔利。

现如今李部阵地距离里士满很近，而格兰特军队前面却是奇克哈默尼河上的一大片沼泽地，这对联邦军的行军造成了很大的困难，于是格兰特决定让波托马克军团渡过詹姆斯河，又下令赖特向左翼派遣两个师，使防线沿河岸一直延伸到博特姆桥。那时汉考克军左翼延伸到了奇克哈默尼河，沃伦部也收缩到了科尔德港。

6月7日，格兰特又派谢里登率两个师去破坏弗吉尼亚中央铁路及詹姆斯运河，同时让他与亨特取得联系。

6月14日，波托马克军团进军到詹姆斯河，开始准备架设浮桥渡河的工作，向彼得斯堡发起进攻。

波托马克军团渡河成功后，立即根据指示前去围攻彼得斯堡，彼得斯堡围攻战打响。那时伯恩赛德的第九军位于彼得斯堡右侧，接着是沃伦的第五军，再就是伯尼的第二军，赖特的第六军在左侧偏南面。各部队纷纷为战斗做准备，为确保自己的阵地不受突袭，各军都加固防御工事，一直到7月末，彼得斯堡附近并没有交火。

在谢南多厄河谷，亨特将军立即采取了攻势，向林奇堡进军。16日，亨特到达并发起围攻战，李将军立即派厄尔利部前往救援，并且有部分部队赶在亨特之前到达了林奇堡。由于弹药匮乏，亨特将军经过几场小规模冲突后，只得从阵地上撤退，经由高利河、卡诺瓦河、俄亥俄河以及巴尔的摩至俄亥俄铁路，向哈珀渡口转移。但是由于转移耗费了很长的时间使河谷地带空虚，给了厄尔利可乘之机，他率部进入了河谷地带及其他地区，直逼华盛顿。再加上亨特不在，谢南多厄河谷所在的军区兵力弱，又多为新兵，华盛顿形势危急。

格兰特立即下令米德将军，派一个师到巴尔的摩，加强华盛顿的防卫，于是赖特率领第六军马不停蹄向巴尔的摩进发。那时华莱士也急速率部赶往莫诺卡西河迎敌，力图拖住敌人，给华盛顿争取时间做迎战的准备。7月8日，华莱士已经率兵去了前线，虽然以失败告终，但他们成功地将敌人拦截了一天。

华盛顿局势十分严峻，格兰特对此十分担忧，他再一次指示米德将军，重申赖特率余部直接开往华盛顿，去解燃眉之急，又命令奉命前去救援里士满周围的部队——刚到门罗堡的第十九军，立即从门罗堡转向华盛顿。最终赖特军和埃默里少将指挥的十九军都在11日到达华盛顿，而厄尔利也在同一天到达。厄尔利发现华盛顿有援兵到，并且防线内战壕坚固，防守也很严密，并没有可乘之机，只得作罢，开始撤退。

由于赖特部和埃默里部去增援华盛顿，格兰特在前线的兵力减少，而格兰特认为李很有可能准备分派防守部队去增援西部。于是格兰特想要趁这个机会夺取彼得斯堡。

26日，汉考克部与谢里登部的骑兵经迪普博特姆到河北岸，在那里巴特勒部建起一座浮桥，把敌人部队引到了詹姆斯河北岸，并且在巷道上填装炸药，于7月30日上午实施爆破，此次爆破非常成功，炸出长约一百英尺、深二十英尺的弹坑。即刻，在放置在有利位置上齐发射的一百一十门重炮、五十门迫击炮的掩护下，士兵们冲进敌人防线。虽然有些士兵根据格兰特的指示，攻入阵地，夺下一些散兵壕，但是由于指挥进攻的师长无能，爆破后立即进入弹坑躲了起来，无人发布号令，左右两侧进军被耽误，最终被赶来的李部右翼部队驱逐，这次格兰特军伤亡惨重，付出了四千名士兵的代价。

这段时间，联邦军的战况不尽如人意，首都告急，西线形势也不容乐观，爆破失利等等，麻烦一个接着一个，于是格兰特决定部队先从詹姆斯河北岸撤走，再从长计议。但是他还是派遣沃伦率第五军的大部，去夺取韦尔登铁路。由于留在堑壕中的敌人比较分散，沃伦占领了铁路，这一占，韦尔登铁路到战争结束一直都被联邦军所控制。

一串麻烦都被格兰特一一处理，首都化险为夷，另外还夺取了对邦联军意义重大的韦尔登铁路，虽然革命的进程是残酷的，但好运还是站在了格兰特这一边。

9. 终极对决

1865年3月26日，谢里登率部到达锡蒂波因特。此时已是人困马乏，必须休整几天，并且为下一步的行动做准备。而格兰特也在谢里登将军一到锡蒂波因特时，就下了让他在29日向西推进联邦军的战线，尽量靠近敌人的最右翼，夺取五岔口，把李部从彼得斯堡与里士满赶走的命令。

而这时，谢尔曼已经夺取了萨瓦那，并且开始进行北伐运动。他率部穿过佐治亚州，沿路破坏所有的交通运输路线，以彻底切断敌人西部的各种补给来源。对于这次行动，格兰特对谢尔曼是积极地配合。

3月23日，谢尔曼部到达了戈尔兹伯勒，斯科菲尔德在那里迎接他，谢尔曼在那里安营扎寨，进行休整。

此时，格兰特以强大的兵力将李死死钳制在北方，使他没有可能南下增援约翰斯顿。再加上斯科菲尔德与特里的增援，谢尔曼能够在海湾地区无限期地与邦联军对抗。

虽然李很强大和勇敢，但是形势逼人，如果他逃脱，格兰特就会跟踪追击，如果他试图与联盟军对抗，就会被一举歼灭。

3月29日那天，天气晴好，是行动的绝佳好时机。格兰特留足守卫彼得斯堡周围阵线的兵力后，把其他所有兵力都调集起来实施这次行动。然而，天公不作美，不久天又开始下起雨来，再加上弗吉尼亚州这一地区和南部诸州流沙十分常见，有时候不注意忽然之间一条腿可能就陷下去，并且越挣扎陷得越深，只得在前行时铺设木板路，以便炮兵行进。第二天，部队已经向西南前进到了很远的地方，这时，格兰特下令谢里登派骑兵出发，经丁威迪去往西北的道路，向五岔口进发，威胁李军防线的右翼。格兰特希望谢里登能够成功夺取五岔口，进军到敌军右翼及后方，从而迫使李部抽调中央兵力，保护其右翼，然后由赖特将军率领的一个军向邦联军队的中央发起进攻，使李部顾此失彼，格兰特这招用的也算是我们所说的调虎离山之计。

30日晚，谢里登到达五岔口后，遇到了叛军骑兵，一番殊死搏斗，他逐渐把叛军赶回到五岔口附近。但是在这里他又与其他部队遭遇，在这种情况下，他只得逐步缓慢地退向丁威迪，并且通知格兰特他所遭遇的一切，并请求援助。于是格兰特派沃伦统帅的第五军立马移师丁威迪县城，并迅速与谢里登取得联系。但由于沃伦行动非常迟缓，晚上下达命令部分部队一直到第二天早上5点才出发。再加上在行动时，他又格外谨慎，并没有及时到达。对此谢里登有些急躁，多次下令他加快速度，最后谢里登决定不再等他，向五岔口进发，好在沃伦军的艾尔斯师及时赶到，在谢里登的直接指挥下，解了燃眉之急。

4月1日下午三点钟，谢里登成功到达了五岔口预定的进攻位置，由于他所占领的位置很危险，夜里并不能安营扎寨，如果现在不发起进攻，或者发动进攻却没有取得成功，他就只得再次退回到丁威迪县政府所在地过夜，甚至撤到更远的地方。所以他迫不及待想要发起进攻，想要在入夜前把五岔口攻下，而现在他需要调用克劳福德师，同时还需要调用沃伦率领的第五军，可是这时候沃伦还没有前去报到，他只得派出一个又一个参谋去寻找沃伦，指示沃伦将军到他那里报到，但都没有找到。谢里登当即解除了沃伦的军长职务，指定格里芬代替其指挥第五军。这样队伍总算调动起来，攻击圆满完成。

黄昏时分，谢里登又指挥部队越过敌军护墙，与敌军短兵相接，没过多久，敌军败下阵来，四处溃逃，谢里登缴获了大批的大炮和轻武器，俘虏了大约有六千敌兵。并且谢里登带领骑兵与第五军，追赶逃往西北的敌军主力，直到晚上9点，为了守卫刚夺回的领地，谢里登停下队伍，返了回来，立即拉开防线，命令梅里特带着骑兵，在五岔口西面露营，又派遣第五军渡过哈彻河，到彼得斯堡的正西南方，面向彼得斯堡布阵。

谢里登攻下五岔口后，格兰特命令帕克军与赖特军开始行动，帕克部在右侧攻击敌军右翼，夺下了相当长的阵线，赖特部攻击敌军左翼，一直向哈彻河推进，敌军不断溃退，之后他还没忘派遣一个团去破坏城外的南塞德铁路。他们都俘获了敌军很多大炮和士兵，夺取了敌军的阵地，并且在很短的时间内修建防御工事，把夺来的阵地直接转为防御坚守的坚固堡垒。另外，奥德部与汉弗莱斯部也在凌晨时分，成功地夺取了前方有战壕防御的哨兵线，彼得斯堡的外围工事落到了联邦军手里。

4月2日晚，从河上游到下游之间，已筑起防御工事，形成了一条连续的防线，彼得斯堡围攻之势已经形成。格兰特本来打算在第二天早上6点发起进攻，但是李将军的部队很识时务，在凌晨时分就直接撤离了彼得斯堡。

之后李将军下令队伍在阿米利亚县城集结，想要设法与约翰斯顿会师，在格兰特到达之前，击垮谢尔曼部，想要借此挽回战局。但是格兰特早就预料到了他的这一想法，并且通知谢里登，让他集结兵力，沿丹维尔铁路，尽快赶到阿波马托克斯河南岸。又下令米德率领波托马克军团早上沿谢里登前行线路行进，帕克军亦如此。格兰特又下令切断李部右翼大部队回彼得斯堡的路，并派遣骑兵穷追不舍，这时的邦联军可谓走到穷途末路，饥不果腹，还有士气高昂的追兵，于是李只得放弃沿铁路南下去丹维尔的想法，继续西去，想要尽快拿到补给。

生死决斗的时候到了！

李部离开阿米利亚县城，利用阿波马托克斯河与丹维尔铁路之间的所有道路，他怕后方格兰特的骑兵追上，不敢有丝毫停歇，马不停蹄地向前推进，他仍然很勇猛，在这种情况下几乎成功地将辎重车辆全通过，并且有部分兵力还避开了格兰特军队的注意。但是双方还是相遇了，并打了很多仗，死伤无数，但是尽管李部已走到末路的地步，在这些小规模的战斗中，有些邦联战士仍然勇猛不减当年。两军又在赛勒溪相遇并激烈交锋，步兵、炮兵、骑兵统统兵戎相见。那时格兰特的军队在右侧，占据了较高的位置，在进攻时占据地理优势，邦联军损失惨重，死伤、被俘都不计其数，大概六名将官落到联邦军手里，七千士兵被俘。

李将军继续西行，中间是一定会经过法姆维尔的，而格兰特早就指示谢尔曼，谢尔曼也下令奥德占领伯克斯维尔与海布里奇之间所有南去的道路。并且在6日上午，沃什伯恩上校接到指示率两个步兵团，破坏了海希里奇高桥，做好与李部交战的准备。在路上沃什伯恩率领的兵团与李的先头部队相遇，这时候沃什伯恩的步兵加上里德的骑兵也只有不到600人，但他们还是连续冲锋了几次，给敌人造成的损失超过了600人，邦联军把他们当成了先头部队，以为后面会有大部队进攻，于是赶紧就地掘壕防守，停止赶路。邦联的后续部队到了，双方迅速展开激烈的战斗，后来李部发现联邦的格里芬军与詹姆斯军团都在严阵以待，很快便挂白旗投降。

1865年4月3日，联邦军攻克里士满。4月9日，同盟军总司令罗伯特·李将军率部2.8万人向联邦军投降。4月11日，邦联军全部撤出布莱克利堡，5月11日，威尔逊在佐治亚州的欧文斯维尔俘获了邦联总统戴维斯，战争结束，一切尘埃落定，联邦政府赢得了最终的胜利，美国重新恢复了统一，格兰特以军区总指挥的身份告诉我们终极对决，正义者胜。

南北战争结束了，苦难和杀戮也结束了。远赴南方久未归家的联邦将士们终于可以回家了，可以重新享受和平的生活，和家人团聚了。用四年的浴血杀戮不可归家，用无数滚烫的鲜血和歃血的头颅换来的胜利，真是让人百感交集。

南北战争，是美国历史上意义极其深远的事件，它使美国重新迎来了和平的曙光，为黑种人争取到他们应有的平等权利，粉碎了美国政治和社会发展中的最大障碍——奴隶制度，从而使美国在最短的时间内繁荣起来。但我们不能遗忘，战场上浴血奋战、时刻有生命逝去的日子，我们不能遗忘，像格兰特那种临危不惧、指挥千军万马的将领。

第四章　总统岁月

1. 林肯遇刺

战争总是最残酷的。

南北方的战争并没有呈现出一边倒的局面，从开始就不是，到结束也不是，在彼得斯堡陷落以后，波托马克军团与詹姆斯军团开始拦截李军，这样，联邦军队的士气有了很大的提高。

四年来，他们怀着保卫国家的热情参与到这场战争中。一路走来，十分疲惫，经历了各种磨难与危险，这次他们的士气被极大地鼓舞了，他们知道，自己是在拯救国家。只要有目标，就有了努力的方向。

士兵们红光满面，积极讨论着家乡的记忆，而南方军队就没有这么兴奋了，他们现在处于极其不利的境况，他们同样经过四年的战斗，却没有得到自己应该得到的。

付出总有回报，如果你付出了很多却没有回报，这是最让人无法接受的事情，南方的军队不仅在局势上处于了劣势，在气势上更是输掉了一大截，李在阿波马托克斯投降，此时剩下的军队只有二万八千三百五十六人，气势输人，军队少人，输也是必然。

有这样几个关于南方和北方战争情况的对比。第一是关于两军数字的报告，战争中的每一次冲突，人数统计都是不准确的，拿南方军队来说，他们经常缩小自己的人数，而夸大联邦军的人数，北方军队也经常这样，缩小自己的人数，夸大邦联军的人数。在轰轰烈烈的战斗后面，存在各种钩心斗角，由此也可以看出，当时的斗争可真是无孔不入。

第二，南方军队军人的来源是什么呢？其实，客观来说，整个南方就是一个军营，一个反叛的、不受约束的、自主的、独立的小国家。他们这里有一个非常有趣的现象，在北方军队千方百计为了黑人奴隶进行斗争的时候，黑人们却被驱使着，为前方的南方军队提供补给，这一方面可以说明当时黑人的战斗精神尚未真正形成，或者说，当时南方种植园主势力强盛，全面压制黑人，而北方呢，据统计，当时北方后勤补给人员不及南方的三分之一。

第三，在北方，战争的持续并没有给自己带来多大的影响，因为战争目的不是南方侵入北方，而是北方向南方挺进。北方一切正常，工业照常发展运行，仿佛没有战争这回事，而南方的精神极其紧张。他们的心情都是一致的，就是要打倒入侵者，是的，对他们来说，北方军队就是入侵者，抢自己的钱财和奴隶，相比之下，后者更为重要，黑人奴隶已经是世袭的，这是多么廉价的劳动力！

南方的意见非常统一，一旦建立自己的政权，那就是自己的政权，谁都夺不走的，这个政权的方向是和自己一致的，南方是一匹狼，凶猛无比。根据记载，南方部队非常热衷于战争，到战争将要结束的时候，征兵的范围已经扩大到十四岁到六十岁。

根据格兰特将军的记载，有一位十分擅长打游击战的军官约翰·H·摩根在肯塔基州和田纳西的俄亥俄军团后方进行了十分精彩的战斗。在所有的北方军官里面，约翰是水平比较平民化的，他没有受过真正的军事训练，在一些理论上没有涉及，但是他有着一个军人应该具有的最重要的品格，令人惊喜的是，当时的处境非常艰难，但他总能够挺过去，所有的困境都难不倒他，就是因为这两个因素，勇气和耐心，勇气用在冲锋，耐心用在整理军队，就是这样，约翰和装备精良训练有素的南方军队进行对峙，他聪敏的头脑和应变的特点，也帮了他的大忙。

南方的军队设计得非常严整，所有的人都仿佛套在一个格子里，不可以逾越，换句话说，南方的军队因为过于遵从而缺少了灵活性。常言道，将在外，君令有所不受，这就是为了最大限度地保障军队战斗灵活性而进行的决策，与之相反的是，当时的南方军队不够灵活，或者说，和约翰那种灵活相比，南方军队过于死板。

当时的约翰沉稳有力，他灵活自由，积极寻找敌人的空当，建立侦察体系，重视实际调查，打不过的时候就转移，等待时机。一旦抓住时机，就马上进行大规模的打击。

根据格兰特将军的记载，约翰就是通过游击战的方式，先后消灭、俘虏敌军的数量是自己的好几倍，约翰早已声名远播，令敌人闻风丧胆，没有人敢轻视这支貌似不太精良的军队了。还有斯坦顿先生，他总是认为自己正确，从不怀疑自己的能力，这都是战争的插曲。

格兰特先生胜利了。他觉得自己非常伟大，更重要的是，他有自我满足感，感觉到幸福。他是举国上下尊敬的大英雄，而对于林肯，这个一直非常信任格兰特的总统来说，他的爱将真是太棒了，有人告发格兰特将军喜欢在军营里酗酒，林肯的反应是什么呢？他竟然说想送给格兰特将军一箱子酒呢，这可以看出来林肯的幽默性格，也可以看出来他对格兰特的喜爱。

格兰特并没有因为喝酒耽误打仗，总体上说，应该是这样的吧，战争胜利了，李将军投降了，林肯心里乐开了花，他邀请格兰特将军去看戏。

格兰特将军想去，但是他已经计划好了去看望孩子，于是他婉言拒绝了总统的邀请，但随后发生的事情是谁都没有预料到的，仿佛冥冥中有种神秘力量，促使着格兰特将军没有和林肯总统去看戏，幸运的是他逃过了一场枪击，那天林肯总统在看戏时被枪杀。

格兰特听到这个消息后，既悲愤又哀伤，谁都知道，林肯先生是一个十分负责任的总统，而且十分慈爱善良。

格兰特将军认为，林肯的去世，是整个国家的不幸，这当然是一种朋友式的哀悼、伤悲，从一个平民的角度来说，林肯总统的遇刺，是一种失去主心骨般的哀伤，整个华盛顿都处在一种哀伤之中，路上的行人基本上失去了往日有说有笑的神采，相反的，他们神色凝重、步履沉重，仿佛头上压着非常大的担子，仿佛他们自己已经没有未来。当时有一首诗，是写林肯的，在那首诗里，林肯既是一个父亲，又是一个船长，一个慈爱的父亲，一个有魄力的船长，那首诗里有一句话是"他已停止了呼吸……"这句话反复出现在每一小节的结尾，由此可见，当时人们的心情。

一个国家的成长，必须有一个决定性的人做支撑，在美国，林肯的作用就是承前启后的支撑作用。在美国，能够和林肯的成就相媲美的总统没有几个，在那么艰困的条件下，林肯给予美国人的，不仅仅是一个完整的联邦共和国，更重要的，是一种拼搏的精神。每个国家都有自己的精神，有的在历史的长河中变得混浊，相比而言，美国的短小的历史显得格外精悍，而民族的精神，更是格外纯粹，林肯在这精神中加入了一种拼搏，一种胆识，一种淡定，一种厚道，一种奋发，林肯为了自己的精神离去了，但他给了这个民族自己的精神。

在过去的日子里，格兰特深深地体会到这种精神，听到总统离去的消息后，纵然是身经百战的他，也被震惊了，他久久不能说话，为的，不仅仅是失去一个领袖，更是因为失去了一个好朋友，林肯是所有美国人的朋友。

格兰特将军马上乘坐火车回到华盛顿，处理这件事，他是不平静的，在当时，他没有多说什么，但人们都知道，他的心在滴血。

在回忆录里他写道："参加叛乱的人必须要回到联邦来，组成一个完整的国家。自然，越是把他们与未叛乱的人放在平等的位置，他们就越容易与当年的对手和解，也就越愿意从头开始做个更好的公民。让他们感觉脖子上戴着枷锁，他们当然就不会成为好公民。我相信，当时大多数的北方人不同意黑人选举。他们料想黑人自由是自如的事情，但这需要一个过程，在这个过程中，以前的奴隶在被授予完全的权利之前学会行使公民特权，但约翰逊先生经过了一场彻底的情感革命，似乎是认为南方人不仅受到压迫，而且还最有资格获得公民的体谅。人们保障了这个国家不朽，但这远远超出了他们的思想准备，南方人的观点更激进，他们在政府部门获得大部分的权力，约翰逊先生站到了他们那一边；南方一小撮人，在北方的同情和支持下，他们觉得能够立即控制国家，许多人甚至认为他们有资格这么做。"

林肯遇刺以后，格兰特没有在失望和悲伤中徘徊多久，他依旧统领着军队，格兰特的战功是有目共睹的，当时的美利坚合众国里没人比他更有统率全军的威望了，他将向着更高的目标前进。

2. 逐鹿华盛顿

1866年，历史性的时刻到来了，在这一年里，格兰特被授予上将军衔！这个荣誉的分量是怎样的呢？从美利坚合众国建立到格兰特时代，只有两个人获得过这荣誉，一个是格兰特，另一个，是华盛顿，到那时候为止，格兰特的性质已经被定下了，国家的功臣。还是备受美国人关注的功臣。

每一个国家的最高统治者都有一个共同的特点，那就是统领着军队，对军权的控制是他们的特色。格兰特的军队成就了林肯的伟业，也成就了格兰特的伟业。

当人们提到格兰特的时候，第一反应往往都是由衷的惊叹和敬佩，按道理来说，这样一个人物，应该是人人都会惧怕三分的，但事实却不是这样，他得到了美国人民的爱戴。

在政治上，美国的民主色彩非常浓厚，当时的史蒂文斯和萨那姆与格兰特的政治见解就非常不同，经历过沙场的征战，格兰特非常明白一个道理，那就是最强大的军队是不费一兵一卒就得胜的军队。换言之，使敌方投降是最好的办法，而安抚便是极好的策略，因此，格兰特在当时同意约翰逊的思想——对南方的种植园主进行宽大的处理，尽管，这是一个十分保守的政治见解。

事实证明，这个见解不仅仅是保守，更可以说是落后，当时激进派非常痛恨南方，他们不同意对南方种植园主的宽大处理，史蒂文斯和萨那姆就是这其中的一员，随后，他们发动了弹劾总统约翰逊的运动，尽管当时以一票之差落败，弹劾没有了结果，但是这件事对格兰特的触动非常大，他思考着、反省着。

一个从沙场走出来的人最不缺的就是紧急情况下对自己以前策略的反省，格兰特喜欢反省，他习惯于反省自己——当周围的人和自己很不同时，他首先就去反省自己。事实证明，他的这一性格优点最后帮了他很多忙，一个会反省的人，才有出人头地的可能。

当时发生的另外一些事情也使得格兰特不得不陷入矛盾，当时在同盟区仍然发生了几次骚乱以及迫害黑人的事件，格兰特再也不能无动于衷，在经过周密的思考后，格兰特做出了一个决定——改变自己的政治主张，从此成为激进派，并且加入了弹劾总统的阵营，这一招棋格兰特走得相当的好，识时务者为俊杰，在这时候并不是一个贬义词。

格兰特和约翰逊闹翻的故事具体说起来应该还有这样的一个插曲，1867 年 8 月，约翰逊因陆军部长斯坦顿与他意见不合，想免去斯坦顿的职务，但遭到参议院的抵制。于是他就运用总统权力下令停止斯坦顿的职务，并任命格兰特为临时部长。

1868 年初，参议院正式拒绝总统要求免除斯坦顿陆军部部长的职务，格兰特辞去临时部长职务。约翰逊公开指责格兰特此举是对总统不忠。

根据记载，当时的故事是这样的，共和党在考虑，究竟应该让谁来竞选总统呢？这是 1868 年美国大选中的一大问题。共和党内很多人看中了在内战中立下赫赫战功的格兰特，认为由格兰特这样有名声、有功绩的人出来竞选，一定会有很大的号召力。但也有人不以为然，认为格兰特一无施政的经验，二无明确的政治纲领，特别是他对当时最重大的问题——南方重建问题态度暧昧。然而，共和党当时没有其他合适人选，再者，格兰特的立场逐渐显得坚定，所以格兰特就顺利地当上了该党的总统候选人。

格兰特参加了总统选举，并且一路高歌猛进，成为候选热门，他最终以三十一万的票险胜了塞莫尔，三十一万其实并不是一个非常大的数字。格兰特知道，如果没有南方解放的四十多万的黑人对自己投票的支持，那恐怕是非常危险的，在经历过这件事以后，格兰特的信念更加坚定，他完全明了黑人对自己的作用有多么大，同时，他也为林肯当时坚决解放黑人奴隶的做法感到深深的佩服，是的，非大魄力者难为此。

格兰特其实并不是权力的狂热者，他的身上有一种直率的军人气质，当时，在选举总统的时候，他只说了一句话，让我们拥有和平，是的，让我们拥有和平，一个平常的民众说出这句话的时候应该是没什么的，但是，当一个身经百战的将军说出这句话来的时候，的确非常感人。

格兰特为了和平进行的努力是所有的公民都有目共睹的，他们非常敬佩格兰特，格兰特仿佛是他们心中的神，而宣扬自己的和平精神，也为竞选加分。

当时共和党人还精心策划了另一个运动——"血布衫"运动，在密西西比任收税人和校监的胡金思被几个三K党驱逐，他不肯，便受到了殴打，血将衣衫染红，这件事便成为共和党的一个锐利的口头武器，他们鼓吹和平，在几乎所有的演讲时刻，他们都挥动着血色的衫，慷慨激昂地陈述自己的观点多么合乎时宜，他们的口号是"南方是内战的制造者，是罪恶的制造者，有爱国之心的人们，看看这件血衣，你们还会无动于衷吗？我们的理想是和平，我们的生活必须是以和平为支持的，看看这些南方人都干了什么吧，噢，我的天哪，上帝不会饶恕他们的！"

诸如此类的话共和党是逢场合必说的，这话确实非常有作用，人们受到鼓动，对共和党更加支持，作为普通人，他们的愿望都是一致的，和平、金钱，打着和平使者旗号的共和党为格兰特拉了无数选票。

3. 黑人与政治

格兰特在美国国会大厦里举行总统就职仪式，习惯了大场面的格兰特并没有显得激动和紧张，就连穿着都显得非常随意。

有些人天生是为面对镜头而生的，习惯于卖弄自己的口才，给人以闪亮的印象，但是格兰特显然不具备这样的天赋，或者说，他不屑于这种装扮。

格兰特的声音很小，只有很少一部分人能够听清他的演讲，他脸上的表情似乎让人难以捉摸，但永远是那么坚定，一个不善言辞的总统，是一个合格的总统吗？我们不得而知，反正与美国历史上其他的总统相比较，格兰特有点特立独行，他当时讲话的内容如下：

"遵照全国人民的嘱托，我庄严宣誓，准备献身为人民效力。

由于你们对我所表示的信任与拥戴使我得以就任，为此我深受感动。我相信，表达我感激之情的最好报答，只能是像现在这样，站在上帝与人民面前宣誓，要毫无保留地、全心全意地为给予我如此荣誉的人民谋福利。

"我觉得在这一场合，除了阐述我对目前一些重大公共事务的观点以外，略为说明存在于民众之间的某些状况和倾向是适当的，这些现象看来已威胁到政府的完整与效能。

"当每一位美国公民怀着极大的自豪感与热情注视着国家的成长与发展、政府各个机构足够抵御暴力的力量、我国人民所具有的美好的节俭与进取精神、我们的自由政府所具有的优越性时，我们有义务时刻注意那些有害于我们国家实力的隐患的每一个症状。再强壮的人，无论自信体质如何强健，精力如何充沛，虽终日辛劳而乐在其中，仍不免有潜伏的、并为他所忽视的疾病，危及他的生命，使他骤然死亡。毫无疑问，我们民族的巨大成就和国家的雄厚力量，已经使我们开始忽视那些影响我们民族健康的法则了。我们无法逃避那些法则，就像人类的生命无法抗拒上帝和自然的法则一样。

"十分明显，一个健全而稳定的货币制度，对于我们国家的强盛和政府的良好目标是最为重要的。货币的贬值，应该唤起我们立即采取最有见识的政治行动；劳动工资购买力的降低，则应激起我们采取果断而又稳妥的措施。

"今天，在处理与上述问题有关的困难局面时，如果我们能抑制对于国家力量和资源的过分自信，坦率承认即使拥有这些优势，也不能无视那不可抗拒的金融与贸易法则，才是明智之举。同时，在我们努力协调意见的分歧时，应当抛弃偏执与意气用事；我们的判断不应当被花言巧语蒙骗，也不应被个人私利扰乱。

"我深信按这一方法处理问题，将会导致谨慎而有效的补救性立法。

"我们面临的另一危险是忽视国家安全的法则，它与夸大国家强盛的盲目自信密切相关而且同样严重。我指的是公众的一种普遍心理，期望从政府的行动中得到特殊的、直接的利益。选民们谴责政府奉行为保护而保护的不公正行为，他们要求人民的公仆承担起揭露与铲除一系列互有关联的恶劣行径的责任，它们都是腐朽的家长式管理的产物，这是共和制度中的毒瘤，也是民治政府常有的危险，它把我们先辈所创立的法规设想，我们视作挚爱与荣誉的遗产，贬低成手段狡诈的图谋。它歪曲同胞们的爱国情感，引诱他们斤斤计较于可向政府索取的蝇头小利；它削弱人民的自立精神，而使之依赖政府的不公正照顾，它抑制真正的美国精神，使公民的一切高尚品性归于湮灭。"

这是一个恰如其分的演讲，现在看来，其词句有力，显示出格兰特的务实精神，另外一个小小的缺陷便是过于平淡，这本身就是格兰特的特点。他喜欢务实超过豪言壮语。很快，格兰特就发现，自己在总统这个位置上并不是得心应手的。

就像大部分人一样，格兰特往往不能忘掉自己的老本行，他经常说的话是："让我们拥有和平"，这在很大程度上成了共和党的口号，也成了民众对共和党和格兰特的认识。

人们认为，这么一个大人物，总会拿出一点实际的本领来报答我们的支持吧，事实上，并不是这样的。对于国家的发展，格兰特显得一头雾水，尽管他是一个非常坚毅的人，在任何情况下都会保持自己的淡定，但是，他的才能不在行政上。

做总统期间，他没有提出一个国家的发展规划，没有一项具体可行的措施，这种消极的无为使得人们有所失望，另外，以往总统和国会打得那么激烈的情况在格兰特时期竟然没有发生过，他不采取什么措施，不会要求国会什么，国家的事情他很少直接去参与，除非有了真正的麻烦的时候，他才会真正地着急一回。

真正的麻烦事却接踵而至。

事情是这样的，格兰特是一个非常有朋友缘的人，他的两个好朋友，杰伊·古尔德和詹姆斯·菲斯克，两个大富翁级别的人物被野心驱使，有一个大胆而且自私的计划。他们为了稳固自己的财产，想要控制美国的黄金市场，金钱欲望的顶峰就是黄金，这句名言在这里得到了恰如其分的表现。

两个大富翁的计划是，在黄金的价格低的时候，大量收购，等到黄金的价格上涨，然后出售，以赢得暴利，用一个成语来概括，就是囤积居奇，这种喜欢投机的人是经济秩序的破坏者。尽管对于国事并不具有非常杰出的才华，但是格兰特还是能够判断出这件事的好坏，他经过考虑，拒绝了两个朋友的请求，但是那两个人并没有死心，当一个人的眼里只有金钱利益的时候，他就会生出无限的智慧，这句话在这里得到了印证，那么，他们是怎么办的呢？

概括来说，他们用的是暗度陈仓的办法，通过金钱诱惑，把格兰特的一个亲戚收买，亲戚见钱眼开，非常爽快地答应了二人的请求，他于是给格兰特总统写信，希望格兰特政府出售黄金，现在看来，或者旁观看来，这无异于儿戏，一个总统能够被一封信就说服吗？格兰特仍然坚持自己的原则，那位亲戚被金钱蒙蔽，把信送到便向古尔德和詹姆斯邀功，二人以为格兰特已经同意，马上大张旗鼓，准备收购政府的黄金，结果，遭受了极大的损失，而且，一直谋划在此的很多企业家也遭受了非常大的损失。

他们恼怒了，非常多的人指责格兰特的无作为，他们的看法非常简单，既然是你朋友的行为，你为什么不阻止他们？身为总统就可以一劳永逸了吗？大家开始倒戈，格兰特处在了舆论的风口浪尖，这对格兰特是不公平的，但是，毋庸置疑，格兰特没有使用好总统的权力。

另外，祸不单行，格兰特的两位朋友卷入到了向进口商索贿案件之中，他们利用手中的职权谋取大量的钱财。事情是这样的，因为格兰特的权力，他的朋友已经把他看作一棵摇钱树了，他们千方百计利用自己总统朋友的声名，尽一切可能的手段来进行利益的赚取。其实，他们只看到了事情的一方面，并没有看到事情复杂的一面，他们没有看清格兰特的性格，格兰特在打仗的时候虽然是一员虎将，所向无敌，但是政治不同于军事，政治需要讲求人际和技巧，格兰特在这方面的 缺点在很多时候是非常明显的，起码，在他放弃了军中的职务，经商失败的时候就显示出来了。

和很多普通人一样，他的朋友们对于权势的渴望都是非常难以戒除的，看到自己的朋友要风得风，要雨得雨，他们贪婪的心理开始膨胀，于是，通过索取贿赂来满足自己的贪财心理。

从这件事，可以看出来一些人类发展的规律，先说格兰特，格兰特是一个大意的人，或者说，太不在意，反正是与总统这一职业不相符。

为什么这样的一个人可以当上总统呢，这可以看出人类的某种性格。他们总是有不同的要求，在当上总统以前，他是伟大的将军，在当上总统之后，人们要求他是伟大的舵手，人们的眼光，是受什么影响的呢？其实，根源，就是伟大的军事将领气质带来的人气。

人们在军功面前往往失去了理智，或者说，失去了调查的耐心——军事是最容易让人产生安全感的东西，比如拿破仑和他的侄子，路易·波拿巴。这个事例可以说明人们在面对军事保护的时候有时候会陷入不自觉的失误之中。

在法国二月革命之后，贵族的统治垮台了，工人阶级开始崛起，没有人能够阻挡得了这个历史的潮流。工人运动像是潮水一般将共和国的大门开启，临时政府成立，就在这个时候，路易·拿破仑·波拿巴在英国待不下去了，他觉得现在是自己的时机了，去夺权，去获得拿破仑家族应该有的荣誉，自己的叔叔曾经那么风光，让所有的人都害怕，自己为什么沦落到在他乡度日的地步呢？

拿破仑身上的才智没有在他身上显示出来，但是另一种特质，属于拿破仑家族的特质开始显示——冒险精神，冒险精神从来就不是一个褒义词，在爱好和平的人手中，冒险是一种进取，在自私自利的人手中，就会给世界带来动荡不安的局面。

路易·拿破仑·波拿巴回来了，但是事与愿违，临时政府没有上当，拒绝了他的要求，他只好灰溜溜地返回伦敦，冒充警察来镇压工人运动——一个权力投机者的嘴脸就显现出来了，哪里有利益哪里就有他的身影。

在接下来的总统选举中，候选人是不少的，共6名，有卡芬雅克、拉马丁、赖德律·洛兰、拉斯拜尔等。路易·拿破仑·波拿巴看到了这个时机，抓紧时间回来，这个机会他是不可能放弃的，选举的结果是什么呢，出人意料又冥冥中合乎情理的感觉。选举结果，路易·拿破仑·波拿巴得票最多，如果看到一个背景路易·拿破仑·波拿巴因受到大资产阶级保皇派中有势力者的资助，自提为候选人，对这个结果可能就不会像那样惊讶。最后，路易当选为总统。这个名气不大的冒险家当选为法兰西第二共和国总统，并不是因为他有什么治国之才，而是由于占全国人口大多数的农民投了他的票。

当时的农民仍然在崇拜拿破仑，不仅仅是因为在法国大革命时期，雅各宾派把土地分给了农民，拿破仑制定的《民法典》确认了农民小块土地所有制的存在，更是因为拿破仑的军事功绩让他们感觉到了一种安全感，当时他们抱着天真的幻想，认为赫赫战功的拿破仑家族天生就是保卫自己的家族！当时有很多人上街游行，对路易·波拿巴进行狂热的支持追捧，人们敲打着自己的盆子，上街游行，表达自己对路易·拿破仑·波拿巴的支持，他们热烈地爱着路易·拿破仑·波拿巴，希望他担任自己的皇帝！"拿破仑在农民眼中不是一个人物，而是一个纲领。"正是农民对拿破仑这种个人崇拜，到十九世纪四十年代又变成了对路易·拿破仑·波拿巴的幻想，有句话说得好，"农民的轻信使他当了总统。"

然而，路易·拿破仑·波拿巴当上总统后给这个国家带来了什么呢？首先，他图谋重建帝国，当皇帝。他担任皇帝仅仅四年，就耍尽了各种伎俩，为了自己的私利，他不在乎农民的感觉，恢复了盐税——在根本上激怒了农民，实属毫无头脑的举动。其次，作为封建阶级的残余，路易·拿破仑·波拿巴为了保护封建势力，千方百计制造政府内部的冲突，而且，为了获得天主教的支持，他派出军队干涉罗马共和国。统治集团内部矛盾尖锐起来，保皇派中的正统派和奥尔良派都想恢复各自王朝，而路易·拿破仑·波拿巴则想自己称帝……总之，是一派乌烟瘴气的景象。

军事家未必是政治家，起码格兰特是一个证明，而人类历史的悲哀之处往往就在于，没有政治头脑的军事家做了皇帝。

4. 连任之路

格兰特获得了连任的机会，仍然可以说明人们对于军事家的崇拜，当时共和党对格兰特仍然是大力支持的，与之相对的，民主党提名的人是贺瑞斯·格里利。

在历代美国选举史上非常戏剧性的一幕发生了，格兰特仿佛对于总统选举毫不关心，他没有拉关系、做演讲、求选票，而是选择了一个风光优美的地方开始度假，贺瑞斯却没有闲着，他对总统竞选非常用心，千方百计做了非常多的工作，却没有成功，原因是什么呢？是格兰特的后备力量，格兰特在大西洋海岸的一个度假村里度假的时候，支持者没有无所作为，对他们来说，这个暑假不是玩耍的季节，他们千方百计为格兰特做工作；另一方面，他们针对贺瑞斯进行各方面的抨击，他们称贺瑞斯是一个笨蛋和叛国者，从根本上减少人们对他的好感，这对贺瑞斯的打击非常大。

在1872年总统选举日那天，格兰特取得了巨大的胜利，他在37个州中赢得了31个州的选举胜利。贺瑞斯·格里利在选举结束三周后就去世了，而新成立的自由共和党也与他一起死亡了。尤里西斯·格兰特和他的激进共和党将继续执掌美国四年。格兰特非常淡定，但也是非常兴奋的，他踌躇满志，对国家的发展也进行了很多尝试，从历史的角度来说，格兰特的功是多于过的。

比如，格兰特像很多有作为的总统一样，非常重视教育，尤其是农奴制度盛行的南方，他在南方建立了黑白同校的公立学校，这样可以收到好几方面的效果。首先，可以让那里的黑人更快地融入白人的社会，这包括使得白人对黑人的歧视心理缓解，另外，这可以使得黑人更容易被控制，尽管这些学校受到暴力、贪污腐化、纳税人的反抗和民主党人的反对活动的猛烈冲击。但是，它没有夭折，它成长了起来，给自由民众带来文化，并把现代教育体系带到了南方。

格兰特尽管面临着财政方面的危机，但是他还是以大局为重，实行亲和的政策，大赦南方的叛乱者。国家刚刚经历过战争，最忌讳火上浇油，最好是让他们转变思想，变成和自己一样的建设者，而格兰特注意到了这一点，而且，从黑人奴隶入手，格兰特进行了政治上的改革，从尊重黑人奴隶开始，南方的政治在变得民主，尽管民主是需要一个漫长的进程的，但尝试总是希望的开端。

人无完人，孰能无过？格兰特也有政治上失策的地方。首先，格兰特似乎也想就文官制进行改革。格兰特和所有白宫的新主人一样，对讨官者大为烦恼，在他的眼里这甚至比讨钱更不合适，讨官的人可以竭尽一切的手段。格兰特曾经说过，"任命官职的权力是总统职务的祸根，在这个国家里，没有一个人比总统更渴望进行文官制度的改革。"但是格兰特真的就没完全掌握好，在这个问题上的表现好坏参半，他让财政部长乔治·休厄尔·鲍特韦尔、内政部长考克斯和司法部长霍尔在各自的部里实行公平考试来确定某些职务的提升和任命。

文官制度的改革、工资制度的改革、分赃制的改革等等，并不像格兰特想得那么顺利。格兰特尽管非常有精力，雄心勃勃，为改革立法花费了非常多的精力，其中包括成立委员会，为文官制定新规则等等，但是还是失败了，原因是什么呢？就拿工资制度来说，国会没有同意给予足够的经费，最后流产了，这可以看出来一个问题，国家政府内部的矛盾是存在的，并且到了左右格兰特的政策的地步，同时可以看出来，格兰特在处理矛盾方面还是缺少天赋的。

其次，尽管格兰特对南方进行了大胆的改革尝试，事实证明，这些尝试起到的作用并没有预期的大，在用战火把南方封闭的大门打开之后，如何处理南方叛乱诸州政治地位就成为急需解决的问题。

内战结束后，南方诸州都由激进的共和党人把持。尽管激进一词不是太褒义，但是他们做了很多事情来巩固政府对南方的统治，他们从政治上入手，支持给予自由民以公民权和选举权，在一定程度上缓解了南方的政治危机。

到了一八六零年代后期，共和党的地位已经不如从前了，民主党的势力逐渐扩大，共和党中的很多人被民主党击败，和共和党的政治方针不同，民主党人根本就不想给予自由民任何权利。

激进共和党人在南方失去自己的势力并不是突然的事情，最初，是在弗吉尼亚州，弗吉尼亚州的变化是以和平方式进行的。其他各州就不是这样了，在田纳西州、乔治亚州和北卡罗莱纳州，民主党人露出了真面目，他们为了搞破坏，保持自己的地位，成立了三K党，这些选举通常由三K党人领导。

什么是三K党？历史资料上是这么说的："三K党是一个由白人组成的地下恐怖组织。三K党人认为白人优于黑人，他们身穿蒙面衣，破坏共和党人的会场，威胁、殴打和杀害黑人，迫使黑人远离政治，他们对那些帮助黑人的白人也采取恐怖行动。"

其实，三K党是民主党和共和党作对的一个工具。内战结束后不久，三K党在南方诸州相继出现。1871年，共和党国会议员要求制定法律取缔三K党。一个以共和党人为首的调查委员会成立了，该委员会调查三K党在南方诸州的行为。他们听取了大量有关三K党的恐怖行为，起草了一部控制三K党的法案。几经辩论之后，国会通过了该法案。这部法案授予总统在南方各州实行军管的权力。民主党人指责这项法案的目的是为了确保共和党在南方的权力。格兰特根据该法案，很快行动了，他宣布在南卡罗莱纳州的大部分地区实行军管，数千人被捕，他们将在联邦法院受审，陪审团主要由自由民和激进共和党人组成。

5. 治国不比治军

作为一个骁勇善战的将军，格兰特的脾气和性格有些难以适应政治环境。于是，在治理国家的时候出现了一系列的不该有的丑闻。人都会犯错误，但是这是对普通人的托词，对于一个国家的领导人来说，民众绝对不希望他们犯错误，因为错误的影响巨大。

先拿信贷公司行贿事件来说。一个国家的金融根本在于银行，而信贷公司的状况直接说明着国家经济情况的明朗与否，为了说明这个问题的重要性，现在找出巴林银行的例子来说明一下。1762年，弗朗西斯·巴林爵士在伦敦创建了巴林银行，它是世界首家"商业银行"，既为客户提供资金和有关建议，自己也做买卖。当然它也得像其他商人一样承担买卖股票、土地或咖啡的风险，由于经营灵活变通、富于创新，巴林银行很快就在国际金融领域获得了巨大的成功。其业务范围也相当广泛，无论是到刚果提炼铜矿，从澳大利亚贩卖羊毛，还是开掘巴拿马运河，巴林银行都可以为之提供贷款，但巴林银行有别于普通的商业银行，它不开发普通客户存款业务，故其资金来源比较有限，只能靠自身的力量来谋求生存和发展。

在1803年，刚刚诞生的美国从法国手中购买南部的路易斯安纳州时，所有资金就出自巴林银行。尽管当时巴林银行有一个强劲的竞争对手——家犹太人开办的罗斯切尔特银行，但巴林银行还是各国政府、各大公司和许多客户的首选银行。1886年，巴林银行发行"吉尼士"证券，购买者手持申请表如潮水一样涌进银行，后来不得不动用警力来维持，很多人排上几个小时后，买下少量股票，然后伺机抛出。等到第二天抛出时，股票价格已涨了一倍。

20世纪初，巴林银行荣幸地获得了一个特殊客户：英国皇室。由于巴林银行的卓越贡献，巴林家族先后获得了五个世袭的爵位。这可算得上一个世界纪录，从而奠定巴林银行显赫地位的基础。

巴林银行集团是英国伦敦城内历史最久、名声显赫的商人银行集团，素以发展稳健、信誉良好而驰名，其客户也多为显贵阶层，包括英国女王伊丽莎白二世。该行成立于1762年，当初仅是一个小小的家族银行，逐步发展成为一个业务全面的银行集团。然而，次年的一次金融投机彻底粉碎了该行的所有发展计划。到1993年底，巴林银行的全部资产总额为59亿英镑，1994年税前利润高达1.5亿美元。1995年2月26日巴林银行因遭受巨额损失，无力继续经营而宣布破产。从此，这个有着233年经营史和良好业绩的老牌商业银行在伦敦城乃至全球金融界消失。

信贷公司的官员曾在联邦资助建造联合太平洋铁路的过程中非法掠取超额利润，同时，为了把自己的诡计做得更加完善，不被人发觉，他们还进行了另外的更大胆的事情，他们把股票以大大低于市场的价格出售给一些有影响的国会议员，这简直是不把国家的尊严放在眼里，而事实上，国家也的确没什么值得他们尊敬的，格兰特对政治的迷茫和放任，使得很多权力被滥用，当这一切已经波及了国家议会的时候，事情的严重性就不言而喻了，金融的投机把戏毁掉了一个政府的信誉，最终，这件事在1872 年的总统选举中被揭露出来，成为攻击格兰特的一颗重型炮弹。

同样发生的，还有拖欠税款舞弊案。当时，财政部长威廉指定约翰·桑伯恩为特别代理人，又是指定的任务，可见当时的风气是怎么样的，当时，桑伯恩负责根据私下的协议征收拖欠税款，当然，这个协议是非法的，这场丑闻导致了财政部长的辞职。一个国家的所有活动都依靠一种东西，那就是税收，税收是国家机构运行的根本，当一个国家的国家机器出现问题的时候，税收便是表现之一，威廉身为财政部长，徇私舞弊，是没有把国家的利益放在心上的。

接下来的案件普通，但是可以说明一些面貌性的东西，威士忌酒集团案。1875 年，财政部长本杰明·布里斯发现有将近数百名酿酒商和联邦官员根据一个密谋把数百万美元的酒税装进了自己的腰包。

格兰特得知此事，勃然大怒，命令检察官们要迅速查处，不让一个有罪的人逃掉，可是不久格兰特的私人秘书奥维尔·巴布克被证明卷进了这个丑闻，格兰特口气软了下来，并且开始给巴布克求情，试图让他的私人秘书逃脱罪责，在这一桩大丑闻中有110 名参与密谋者被证明有罪。

接二连三的丑闻使格兰特名声大损，因为这些方面他也有不可推卸的责任。他对经济一窍不通，同样引起了选民们极大的反感。格兰特越来越深地陷入了政治的泥淖。

在1874 年的国会选举中，尽管格兰特的支持者还想推举他当总统候选人，但格兰特决计不再参加第三次总统竞选。在最后一次给国会的咨文中，他坦率地承认："没有任何搞政治的经验就被选为总统，这是我的幸运，也是我的不幸。"

第五章　人生暮年

1. 环球之旅

时光辗转，格兰特的任期到了，在卸任离职后，他携妻子周游世界。曾经，他身处人生巅峰，戎马生涯里，他经历过无数的风景，但是在战争之下，再美的风景也褪色了，他步履匆匆，心中只装着战术和胜利，却无暇顾及自己的人生。而如今，命运低回，他生活慢了下来。他终于有机会静下心来看一看这个世界，延续他儿时对于旅游的钟爱。

于是，他毅然决然地踏上远行的船只，携手他最爱的妻子，去他们曾经渴望的国度。

咸湿的海风，轻轻拂面，是生命中难得的惬意，格兰特望着远方，眼底浮现一丝苍凉与渴望。他不知道生命还能走多久，他只是希望在最后的人生里可以尽可能地领略美丽的风景，为生命留下更多美丽的怀想。

1879年，他乘船抵达了中国，他被这个神奇的东方国度深深震撼。壮阔的美景，独特的文化，都深深地吸引着格兰特。时任北洋大臣的李鸿章设宴款待，两人一见如故，跨越了国界，开怀畅谈。

李鸿章看到格兰特的名贵手杖后，反复赏玩，爱不释手。格兰特见此情景，知道李鸿章的心意，就通过翻译向李鸿章说："中堂既然喜欢这根手杖，我本当奉送。但这根手杖是我卸任时，全国工商界赠给我的，这代表着国民的公意，我不便私自转赠。等我回国后，征得大家同意后，再奉寄致赠。"李鸿章非常高兴，二人又进一步地深入交谈。

其实，此番会面并非寻常应酬。1879年5月28日格兰特到津之日，李鸿章即与之相见。因其时正好发生日本吞灭琉球、置为冲绳县的重大事件，中国力争不成，清政府与李鸿章于是希望借助行将游日的格兰特之名望，劝说日本放弃前议。而一个已经卸任的美国总统，其实未必有李氏想象中那样伟大。

格兰特的调停自然毫无结果，琉球并入日本版图已是无可挽回。格兰特回国前，在日本给李鸿章写了一封信，信中除介绍日本的新气象外，明确指出："中国大害在一弱字，国家譬如人身，人身一弱则百病来侵，一强则外邪不入。"格兰特希望中国奋发自强，否则"日本以一万劲旅"，可"长驱直捣中国三千洋里"。

格兰特建议清国总理李鸿章"仿日本之例而效法西法"，"广行通商"，如是则"国势必日强盛，各国自不敢侵侮"，等等。

当时，李鸿章和清政府没有也不可能按照格兰特开的药方去做，而其在甲午战争中的惨败就成了必然之事。

不过，有此一段因缘，李鸿章抵美之日，格兰特之子也专门登船迎接。

再后来，李鸿章拜谒格兰特之墓。这也是李鸿章访问纽约期间最引人注目的一天。在这一天里，有50万纽约人目睹了他身着长袍代表国家尊严的形象。六辆敞篷式四轮马车等候在华尔道夫饭店的大门前，马车上坐着12名英俊潇洒的马车夫。警察的安排准确无误。哈利巡官负责出发时的警卫，而沿路由布鲁克斯巡官和沃基夫巡官负责，汤姆森巡官则负责格兰特陵、纪念碑和他们抵达时的警卫。

马车路线从第五大道33街开始，经百老汇57街到哥伦布环岛，再从72街进入滨河路，顺着滨河路到达格兰特陵。

返程由122街出发，经110街到第八大道中央公园入口处，再横跨公园到东62街，访问过24号格兰特上校的寓所后，从那里回到华尔道夫饭店。担任护卫任务的是由卡门中士负责的一队警察。

在滨河路时，又加入一队由艾根中士带领的园林警察，他们的护卫任务至中央公园结束。

在格兰特陵担任护卫任务的是园林警察柯林上尉和市政警察格雷登上尉。直接负责陵墓警卫的是由德弗冈指挥的仪仗队，他们由8位来自美国陆军第十三师的二等兵组成。总共部署了1400名园林警察和市政警察在岗，警察们在清晨5点30分就开始忙碌起来。格兰特夫人敬送的花圈放置在巨大灵柩的西端。它是用北卡罗莱纳州加腊克斯植物的树叶做成，顶端用一条宽大的白缎带紧束着一束白色的玫瑰花。

李鸿章一行刚过5点钟就在华尔道夫饭店登上马车。第一辆马车上有卢杰将军、格兰特上校和中方非常杰出的英文译员罗丰禄等。

这一行人中还包括四名仆人，他们往马车里放进了有豪华刺绣的红色竹椅、清式热茶保温器和几大捆神秘的东西，估计是总督的换洗袍子或准备送给格兰特夫人及其家人的礼物。大约花了一个多小时，马车队到了122街的滨河路，一路上都是众多的人群，特别是在大环岛和沿大道两旁。自行车的车流在此地显得非常壮观，好像城里所有的自行车都汇集到了这里一样。机动车也比以往的星期日要多。好在这一切都早有准备，总督马车的护卫队一出现，沿河所有大小道路都被立即封闭，以免打扰来宾。这一计划在这种情形下是可行的。在格兰特陵附近，有大约8万男女老少等候在那里，其中包括4000名清国人。他们都急切地想目睹他们同胞的威仪。

陵墓北面的小山丘上显得尤其拥挤，园林警察不得不用绳障将妇女和儿童拦住以免出现险情。当尊贵的清国宾客进入将军安息地时，场面非常感人。

李在用铆钉铆成的铁制灵柩上敬送了月桂花圈以表达他对将军的敬意，这位贵宾的举动非常令人感动，他很虔诚地站直了身体，用极其悲伤的声音低吟道："别了。"他的思绪回到17年前与将军亲切会晤的场面，当时他们相谈融洽，因为他与将军一样都曾为了拯救祖国而久历沙场。他的这一告别仪式使他的随从人员和美方陪同人员始料不及。然而这却是饱含敬意的最真诚的悼词和最意味深长的告别："别了，我的兄弟！"

李鸿章这次在纽约访问时，还特地探望了格兰特的遗孀朱莉娅。朱莉娅设宴款待李鸿章，并邀请了工商界名流百余人作陪。散席时，朱莉娅即把丈夫的手杖立于台上，向出席者讲述了丈夫与李鸿章的交往和友谊，也和盘托出这根手杖的故事。

她同时对李鸿章说："格兰特回国后，一直惦记着手杖的事，因事务繁杂，一直没有机会跟工商界人士商量。他生前特别嘱咐我帮助他实践当年的承诺。"然后，朱莉娅面向大家说："今天适逢李先生来访，故特恳问大家：诸位是否同意把这根手杖转赠给李先生？"她说罢，满堂的出席者一致鼓掌赞同。于是，朱莉娅当众双手举杖，奉赠给李鸿章。李鸿章深受感动，回国后，视同至宝，须臾不离身。

在世界各地进行游览的同时，格兰特又一次完成了自己的一个伟大的梦想，征服地球式的旅游。生命始终，他都散发着独具魅力的领袖光辉。

一个从战争中出来的人往往有大的气魄，担任总统的不完美让格兰特对自己产生了失望的感觉，这种感觉是可怕的，甚至可以说是致命的。格兰特因为总统这一职务产生了心魔，是不容易克制的，痛苦，郁闷，都是不可避免的。而当时的他能做的重新恢复自己自信的方法是什么呢，他选择了环球旅行。

尽管当时的他已不复少年的豪气，但在外面游览景色，和各个国家的领导人进行会面谈心，这让格兰特体会到了与战争和政治不同的另一种人生。

广袤的陆地，汽车飞速行驶，远远的山与大地相连，或是在一望无尽的海面上，游轮轻松地行驶，广阔的海洋让格兰特心胸舒展开来。

英雄迟暮，本身就是一种悲剧，在悲剧中挣扎的格兰特和自己的悲剧进行了抗争，所以是值得赞美的。这就是生活，如此无可奈何，又蕴含着希望。

2. 步入窘途

格兰特总统并不像很多其他的总统一样有显赫的家世作为自己的后盾。从某种程度上说，支持格兰特一直奋斗的东西，也是与自己出身贫寒有关的。而且，那时候的美国总统是没有退休金的。权力不能带来金钱，这是发生在格兰特身上的非常特别的现象。

格兰特离任之后，只能想尽各种办法来挣钱，他明白自己不可以再依靠国家的工资度日了，他要自己养活自己。

军职曾经是格兰特炫耀骄傲的资本，而他在当上总统的时候已经将军职辞掉了，那么，如今他已卸任，他到底怎么样才能养活自己呢，一生征战的他此时又能以何为生？无疑，生计成了格兰特眼前的一个难题。

首先，在战争中的拼搏可以为他挣得每年六千美元的俸金，对格兰特来说这是一笔很寒酸的数目。另外，他可以通过巡回演讲，就像很多其他的政界人士似的，但他也没有坚持，后世有人猜测是因为格兰特在担任总统期间政绩太差，他不想赤裸裸地面对民众，也有人认为当时的他处在矛盾之中，没有精力养家糊口。

其实，格兰特的总统生涯不仅仅是失败，甚至是有点悲惨的，格兰特在卸任总统的时候延迟搬出的时间，有人认为这是因为他没地方住，在白宫推迟了两个星期才搬出去，实在是一个十分悲惨的结果。曾经在战场上熠熠生辉的将军，曾经万人瞩目的总统，落得这样的结局，不禁让人唏嘘。因此，1877年对格兰特来说是噩梦般的一年。但在之后他访问各国，名声在外的缘故，格兰特在国外受到礼遇。他见识了诸多的异域风情，他见识了许多美丽的山川美景。美好的旅途应该算得上是为他的生命画上了完美的句点。

效忠国家是格兰特毕生的信念，即使是在游历各国的过程中，格兰特没有忘记自己的国家，他无时无刻地不在为美国进行适当宣传。他希望世界更多地了解美国，他告诉世界人民，美国不是一个无足轻重的国家，而是一个充满了民主智慧的优秀的国度。

生命赋予了他不同的角色，但是他并不能够在每一个角色中都那样熠熠生辉。他是一个伟大的军人，伟大的爱国者，但是他却也是一个孤寂可怜的老人。格兰特在归来的路上是非常落寞的，在给朋友的一封信里，他说的话就体现出了他当时的心境。

回国途中，格兰特在给朋友的信中说：我没有一个家，但我回去后必须建立一个家，我实在不知道到哪里去安家。这道尽了美国总统的尴尬，除了白宫哪里还有他的家，没有及早地做理财规划，就连美国总统也会陷入无家之境。

曾经，美国是自己的祖先向往的地方，为了自己的梦想，他们来了。后来，美国更像是格兰特梦想破碎的地方，为了生计，他还是不得不来的，在到达美国的时候，他也许会迷惑，到底哪里才是自己的故乡，故乡的特质是什么？他执着了一生，却在末路惶惑。

从根源上来说，格兰特并不喜欢战争，而且他还辞去过军事职务，后来他之所以重新回到军营，是因为生活的困窘，由军营里获得的荣誉，现在看来，没有什么意义。

一个不善于将自己的目光理性化的人，在迷途中彷徨着，不知道怎么样才能生活下去，但是作为曾经的领袖，在格兰特的心里还有一定的豪气。所以，他再次做了大胆的尝试，在经历了军界和政界的沉浮后，他将目光对准了商业界。他希冀着，人生最后的路途里，能在新的领域里有所成就。

一番运作筹划之后，他当上了墨西哥南方铁路公司的董事长，虽然格兰特曾经把自己的希望全部寄托在这上面。他努力地学习着，兢兢业业地工作着。然而，事与愿违，命运却并未给他再次崛起的机会。

　　到1884年的时候，墨西哥南方铁路公司宣告破产，格兰特不得不走出墨西哥南方铁路公司的大门。一座萧索的大楼，一个孤独的老人，一切辉煌已成过去，他迷茫了，带着一种独特的苍凉意味。曾经战场上的困难，让他一次又一次燃烧起火热的斗志，而如今的磨难，却会化成伤痛，烙印在他苍老的心上。

　　如今的格兰特远离了战场，他不再是那个常胜将军，但是他仍旧对胜利富有深切的渴望。这一次的失败，虽然给他带来了不小的打击，但是他却并没有死心。一番冷静的反思之后他又将自己的目光转移。

　　他像很多淘金者一样，走进了华尔街，在这个精英会聚的地方，他梦想着能够再拼搏一把。

　　也正是在这时候，沃德走进了格兰特的生活。沃德是通过格兰特的儿子巴克认识格兰特的。最初，格兰特以为沃德是上帝的礼物，在他迷茫的时候帮助他的。可不幸的是，沃德是一个骗子，他处心积虑地换取格兰特家族的信任，然后他扬言要成立一个证券公司。格兰特听到这消息后非常兴奋，他认为自己发财的机会到了，于是他马上和自己的岳父借了十万美元，一共凑集了二十万美元，交给了沃德。这一次，他将所有的希望都放在了沃德身上，甚至他会设想成功后的景象。

　　因为格兰特的名气，很多人，特别是之前和格兰特有交往的商业界政治界、的人物都把自己的钱投资到这个公司里去。很快，几百万的资金投入到了他的公司，这使格兰特非常高兴，他认为这是自己东山再起的好机会，没人可以阻挡自己。他甚至亲自去接见客户，去谈生意。因为有了希望的支撑，他又开始精神焕发，仿佛一下子找回了曾经的自信。

他的头脑被喜悦涨满，但是他却没有注意到一点，所有的资金都是停留在字面上的，他更没有注意到一点，沃德人品低劣至极，沃德为了自己的私利，将格兰特将军蒙骗，最后他看时机成熟，想卷款逃走，并且要竭尽全力将格兰特榨光。

他告诉格兰特还需要筹集十五万美元的资金。沃德知道，尽管格兰特没钱，但是他认识非常多的人，可以给他资助，尤其是那些商业界的大款们。事实的确如此，格兰特向自己的好友，当时美国的首富范德比尔特借钱，十五万对他来说是小意思，他很痛快地给了格兰特这些钱。

格兰特在外国旅游的时候，他和很多人没有了来往，可以说是半封闭的，在经商之后，他的人际交往多了起来，同时在这种交往中他获得的关心支持和照顾都使得自己觉得生活很充实。这也是他容光焕发的原因，但是这一次当格兰特把钱给了沃德之后，沃德却逃之夭夭了，留下的，是孤独的格兰特和字面上的大笔无用的钱。

沃德携款潜逃，格兰特的心承受了巨大的痛苦，短短的时间里，他仿佛苍老了许多年，浑身尽显疲态。他的儿子巴克得知这件事之后，同样非常震惊，为了自己的交友不慎给父亲带来如此大的伤痛，他内心极为愧疚。可是再多的愧疚也还是无法挽回悲伤的现实。

就这样，格兰特又一次破产了，身无分文了。更糟糕的是，所有的客户都来找他要钱，纷纷清算，这在精神上对格兰特来说是更严重的打击。原本生活就十分清贫，此时几百万的债务对他来说更是个天文数字，他根本无力偿还。当格兰特步履蹒跚地走出办公室大门的时候，身后的人们用同情的眼光看着他。

首次踏入商界，格兰特并没有获得期望的回报，但他并没有深思其中的问题，他对自己的职业方向没有清晰的认识；同时，他对自己应该规避的风险和擅长的技能一样不明就里。一种抑郁的情绪在他的心中开始蔓延，但是，不管经历怎样惨痛的失败，日子还是需要过下去的，他在思考着，像一个军人一样，在憧憬着自己的奋斗。

3. 战争反思

战争过后，留给世界的，是无尽的思考。其根源无疑是复杂的。

内战是南部和北部矛盾冲突不可避免的结果。美国南北矛盾的根源在于南部千方百计庇护奴隶制。这种矛盾早在殖民地时期就已存在。美国独立后，北、南双方分别走上资本主义雇佣劳动制和奴隶制种植园经济两种不同的发展道路。这两种不同体制在一个国度里共存和发展，产生了很多矛盾和冲突，在奴隶、关税、西部土地和国会代表比例等方面都有突出反映。

就拿关税来说，南北方是不同的，北方的大工业资产阶级是干什么的？是依托于工商业的，民族的工商业发展是他们存在的前提和基础，所以，他们当时的意见是什么呢？很简单，反对自由贸易，提高关税，来让国内的经济环境得到保护，从而维护整个国家的经济发展。

南方则不同了，南方的种植园主同样需要利益，他们利用农奴来生产大量的产品是需要出口的，他们对本国的市场依赖不是非常大，因而主张和北方恰恰相反。他们希望减少关税，来出口大量的产品，然后自己的利益才有可靠的市场保障，在这方面的冲突是非常激烈的，南北方的领导者都感到头痛。

还有土地问题，这个问题也是非常严重的，西部的土地本身就非常吸引人，对于南方来说，常年种植棉花对地力是非常大的损耗，因为棉花是非常需要营养的作物。所以，南方的种植园主非常关心的问题，就是怎么样才能获得更多的土地，从而维持棉花的种植，所以，美国西部的土地就是他们觊觎的地方，这是他们的未来，对他们来说是这样的，而且，从另一个角度来看，西部的土地间接关系到联邦的权力问题。

从微观来看，各种冲突围绕着奴隶制度，从宏观上来看，更是如此，所以，矛盾的根源，承上启下的根源，是奴隶制度，而由奴隶制度进行的反思，是怎么对待人的问题，所有矛盾都可以归结到这里来。而战争以后，怎么对待奴隶，就是反思的结果。

根据这个根源，奴隶制度在最后得到了遏制。

美国最早起来批评奴隶制的是宗教界人士，其后开国元勋中也有人主张限制和废除奴隶制。但那时尚限于个人行为，没有形成运动。布朗是一个英雄，为了废除奴隶制度奉献了自己的生命，但这些却都没有取得实质性的效果。

在认清了南方和北方的问题后，林肯说："我们的中心思想不应当只是'一切公民是平等的'，而应当是更广泛、更美好的'一切人生来平等'。""我不愿当奴隶，所以我也不愿当奴隶主。""我们给奴隶以自由，就是使自由人的自由得到保证。"而且他认为，一个国家不可能永远保持半奴隶和半自由的状态，"一幢裂开了的房子是站不住的"，"奴隶制最终会走向灭亡"。

通过南北战争，解放宣言得以确立并颁布，四百万的奴隶解放了，这是一项震古烁今的巨大成就，是所有人奋斗的结果。随后，在1865年1月31日，奴隶制度得到废除。正是因为这场内战的反思加快了奴隶制度废除的步伐。

然而，引起战争的原因不仅仅是这一个奴隶制的问题。当南北双方发生争执时，南部屡屡以退出联邦相威胁；而北部则以联邦统一的大局为重，一再退让，力图保全联邦。从下面几次重大的南北交锋过程中，可以清晰地看出一条矛盾激化并最终导致战争的线索：

1823年密苏里妥协案：建国以后，联邦的组成部分是复杂的，所以在很多问题上尤其是统治问题上往往有不同的声音和意见，由于联邦政府没有关于奴隶制度存废问题的明确规定，密苏里身为从法国买来的土地，怎么样才能加入联邦就是问题，南方和北方进行了长时间的争执。最后北方为了整个联邦的利益，退让了，密苏里以蓄奴州的身份加入联邦。

但是，在其余的路易斯安那购入地上，北纬36度30分以北永远禁止奴隶制存在。这个妥协案是南北两种社会制度矛盾冲突明朗化、尖锐化，奴隶制问题引起全国关注的第一件大事。当然，密苏里妥协案并没有根本解决危机，而只是将危机推迟。此后，南部在与北部争夺路易斯安那购入地其他地区的同时，也把目标瞄向北纬36度30分以南的古巴和中美洲，试图建立加勒比海奴隶大帝国。

1850年妥协案，其内容为：加利福尼亚作为自由州加入联邦；新墨西哥和犹他加入联邦时，由居民自行决定是否废奴，实施"平民主权"；在哥伦比亚特区禁止奴隶制；联邦政府应协助通缉追捕逃奴。

非常明了，第一条和第三条对北方而言是非常有利的，这合乎了北方的意愿，但是在奴隶制度上同样存在着偏差，比如平民主权的原则，让人民自己决定怎么处理奴隶的问题显然是不合适的。

1854年堪萨斯-内布拉斯加法案：还是平民主权的问题，道格拉斯提出的《堪萨斯-内布拉斯加法案》中，平民主权再一次得到了确立，那么从这个角度上来说，密苏里的妥协案件算什么了呢，是不是就等于作废了？这是一个问题，一个激发矛盾的问题。

内战前的几次妥协，延缓了南北之间矛盾的总爆发，但并未从根本上解决问题。到60年代初，矛盾冲突几乎达到白热化。南部试图脱离联邦的企图已成公开的秘密，并征募军队，进入内战的实质性准备阶段。在这种形势下，北部所迫切需要解决的已不仅仅是奴隶制问题了，更重要的是南部分裂联邦的现实威胁。

另外，对某些顽固问题的意见不一致，南部维护州权的实质是否定联邦的最高权威，这同样是战争的原因，南部在与北部摊牌的过程中，每每打出维护州权的旗号。换句话说，州权是南部脱离联邦、发动内战的理论依据。

南方的实力并不是非常弱小的，从某种程度上说甚至是超过了北方的，这从战争一开始北方没有占据有利地位也可以看出来，州权观念，南方现在讲究这个，尽管这个观念是根深蒂固的，但是这并不是一个非常优秀的观念，在美国的独立战争中，正是否决了各州独自战斗的观念，才最后获得了美国的新生。在当时，州权观念已经变了质，成为南方夺权者的工具，他们打着这个旗号，企图自立为政，甚至，将全国掌握在自己的手中。

有人说："今天，在谈到南部脱离联邦的理论依据时，仍有少数学者振振有词地宣称，在内战前，绝大多数美国人都相信独立宣言中所确认的原则，即：政府的权力来自于被统治者的同意。所以，强迫南部留在联邦之中就是专制的、不道德的。这实际上是变相地为南部的州权至上原则进行开脱和辩解，以此否定南北战争的合法性和正义性。事实上，南部所标榜的州权已发生了质变，变成挑战联邦最高权威、发动内战的工具。"

这同样是导致战争的原因，那么，应该怎么反思呢？林肯非常明智，战争的力量是强大的，是需要保持的。维护联邦，最重要的是什么呢？宪法。在战争当中，林肯审时度势，依据国会有权通过一切"必要和适当"（美国宪法第一条第八款）这一弹性条款，履行宪法中"战争权力"的责任，成功地实施了一系列重大举措，动员和团结了绝大多数美国人民，使这场正义战争得以顺利进行，并以北部的胜利而结束。

而且，战争摧毁了南方的独立心理，同时战争的胜利保证了联邦权威的至高无上性，就是这样，联邦没有被破坏，而是越来越强大。

根据资料的统计，这场战争中"共有62万人死于疆场，其数量超过美国历届战争的总和。南部在战争中受到重创：四分之一白人青壮年阵亡，家畜死亡五分之二，农业机械、工厂、铁路损坏一半，财产损失近三分之二，总计50亿美元。至于战争导致的政治代价和心理代价，就很难准确衡量了。"

这给人什么样的反思？很简单，维护和平，避免战争！

4. 《格兰特将军回忆录》的产生

尽管格兰特是一个饱受争议的人物，尤其是在政治上，但毫无疑问的是，格兰特身上拥有一些非常值得称道的特质。因此，当《格兰特将军回忆录》写成后，简直就是一部迷人的催人泪下的传奇故事。

格兰特的晚年就像是一个被掏空了的南瓜，已经负债累累，往日的辉煌早就成为过眼烟云，以往门庭若市，现在却是门可罗雀。

格兰特的风烛残年显得那么孤寂，他没钱还债，只能每日背着这巨大的精神负担过活。他喜欢抽雪茄，在烟雾缭绕中他的神情如此凝重，他在回思着一生坎坷的路途。可是烟毕竟不能麻木他，更不能解脱他，只能像一个将军一样地在战场上厮杀，他别无选择。有时候他还喜欢面对着窗子看天空，然后自由自在地遐思。

其实，格兰特的生命里最精彩的，不是政治，不是权谋，而是美好的回忆。很多时候有回忆就够了，曾经真实地经历过苦与乐，曾经执着过也失落过……曾经的一切都是那样真实而精彩。经历几十年生命起伏，他明白每一件事都有着独特的意义，那些回忆，才是他生命中最大的财富。

于是，他开始着手写自己的回忆录，重走精彩的人生路。他在一字一字的回忆中得到了暂时的安慰，因为回忆让他觉得自己还不是一块无用的南瓜。更重要的是，这回忆录可以卖钱，这让他的生活开始重新充实起来，渐渐有了生气。然而，格兰特万万没有想到，给自己些许醇香滋味的雪茄最后害了他，他得了咽喉癌，这是一种不治之症。

得知这个消息的格兰特从自己的回忆里出来了，病痛让他陷入恐惧。他无数次陷入了深思，他的内心在痛苦地呼喊，拿平民的角度来衡量，自己不算是一个好人吗？为什么这些事情都摊到自己的头上来了？为什么？

眼看着手中的回忆录并没有完成，疾病却让他非常之难堪，不仅仅是肉体上，更是心灵上。在两难的境界中，格兰特逐渐沉静下来，成熟就是安静，安静可以来源于痛苦，痛苦中的格兰特的确是安静了，没有了雪茄的陪伴，他反而更加清醒。他想清楚，自己再上一次战场。在自己生命的烛火燃烧尽之前，再拼搏一次！

于是格兰特重新拿起了自己的笔，拿不动笔，就口述。他知道，这回忆录不仅仅是为了自己写的，还是为了自己的家人写的，为自己的妻子写的——这个一直陪伴在自己身边的女人！

他的内心充满着一种强大的力量，仿佛在呼喊着：债务，债务！来吧，让我解决掉你！

此时的他就像是一匹在沙场摸爬滚打无数次的老马，悲伤淹没不了他心头的豪气。不治之症，并没有将格兰特将军打垮。这位前军队总司令、两届总统夜以继日地写作，拼命地回忆着，用尽生命最后的力量竭力和死神赛跑。

1885年6月19日在病痛的折磨中，两卷本回忆录终于完成了。他写下了这样的字句："没有我应该做的事情了，所以我此刻但愿快些走。"这一句话背后隐藏着的，是痛苦难当的身躯和饱经风霜的心。

他在回忆里，又重温了一次生命。生命中功过得失，他已是淡然，今生，对于他来说，已是无悔，他迷茫过，拼搏过，失落过，成功过……他将人生所有味蕾都融入了这一本回忆录，也算得上是为生命画上了完满的句号。

1885年7月23日，就在完成个人回忆录最后清样校对不到一周的时间内，尤里西斯·辛普森·格兰特病逝于纽约避暑胜地阿迪朗达克的麦克雷格山。一位曾经叱咤风云的将军，离开了这个喧嚣的世界，走向了永恒的宁静，留下一本回忆录和一段丰满而精彩的历史。

在格兰特走之后，他的书开始公开出版，一共销售了三十万册，这一本书是一个风烛残年的老人在重病中对这个世界进行的一次谈话仪式，亦是他生命的一种独特的延续。

这本书为格兰特的遗孀赚得大约四十五万美元的版税。

在过了二十年后，美国再次因为格兰特而疯狂，看看当时的人物是怎么评价《格兰特将军回忆录》的。

"在迄今为止的美国总统的个人回忆录中，尤里西斯·辛普森·格兰特的个人回忆录是最打动人的，"传记作家威廉·S·麦克菲利评价说，"这是我们所有文献当中描述战争最大胆的著作之一。"

葛特鲁德·斯泰因更是由衷赞叹并且高度赞扬此书，他说："每当想起尤里西斯·辛普森·格兰特，我总是禁不住眼泪汪汪。"

在《爱国者之血：美国内战文献研究》中，埃德蒙·威尔逊写道，"正如马克·吐温所认为的那样，格兰特这部战争著作是自尤利乌斯·恺撒的《高卢战记》以来此类作品中最了不起的。这部作品也以它独特的方式描述了美国的民族性格，正如荷顿的《林肯》或《沃尔登》或《草叶集》一样……"

"格兰特个人回忆录以自然的笔锋展示出对信心的激励以及力量源泉的展现……格兰特的叙述与一般将军们所描述的战争有所不同，尽管也有些沉重，但是格兰特所展示的往往是战斗精神本身，让读者明白正是靠着这种战斗精神格兰特才赢得了这些战斗的胜利……另外，在无意识中，格兰特自然地向读者传递出不少的悬念，这些悬念是他本人或他的部队或坚信联邦事业的人们所切身感受到的。读者往往被作品所感染，犹如亲历其境——读者的心被内战的进程所紧紧地牵动。"戈尔·维达尔说，"读格兰特的回忆录，使人们不能不意识到，作者是一位有着过人智慧的不平凡之人。"

在面临死亡的一刹那，人们想的往往不是什么愿望，而是如何面对自己。如果说在担任总统的时候犯过错误，那么，最后的时刻，用自己的生命来拼搏到生命的最后一刻，应该可以补偿了吧，或者说人的一生本来就不存在补偿与否。起码，从民众的眼光看来，他是一个人物，一个让人感动的人物。

格兰特的心血让人们感动，其实，曾经在格兰特的癌症不断恶化，他和家人都陷入了极端的痛苦之中的整个春天，公众都在密切地关注着格兰特每况愈下的身体，而格兰特更是急于完成书稿，甚至曾一次口述了1万字。当年夏天，格兰特离开了人世，整个国家都陷入了极度的悲恸之中。

马克·吐温当时已经是声名在外了，在身为一个出色的作家的同时，也是一个非常成功的商人，不仅仅在自己的著作上下功夫，还推广出版其他的书目，当他得知格兰特将军的回忆录要写出的时候，就觉得这绝对是一个好机会，经过商谈，他获得了《格兰特将军回忆录》的出版权。马克·吐温对格兰特的书极为重视，因为他知道，一个人用心血写出的东西意味着什么，一个前任军队总司令，前任总统用心血写出的东西意味着什么，其中有多少的人格张力和艺术感染力。

《格兰特将军回忆录》在战争的描写中，他突出的不是血腥，而是以一个双重身份——演员和观众的心理去看的，所以才有精神。每个看过格兰特将军回忆录的人都觉得不能自已，他当总统时期的一些不光彩的事情仿佛也被忘却了。战争在格兰特的笔下成了一个仪式，一个充满了战斗精神的仪式，一面旗帜，一面自立自强，勇往直前的旗帜。

5. 后记：一个将军的戎马生涯

有些人注定要在这个世界上留下自己最强的声音，格兰特将军便是如此。他的一生，伟大，坚强，充满着传奇色彩。

格兰特的先人在630年移居到了美国，和其他的祖先一样，在生活的压迫下，他们都有一个梦想，一个关于生活的梦想，在马萨诸塞州，他的祖先勤勤恳恳地为生活奋斗着。到了格兰特父亲的那一代，他们的家搬到了俄亥俄州从事制革的工作。

格兰特的父亲是对孩子充满希望的。从给格兰特取的名字就可以看出来，尤里西斯，在英文里就是奥德修斯，本来是希腊神话里的一位了不起的神，儿子从来就是父亲的希望所在，事实也正如自己的父亲所向往的那样，格兰特日后成为一个伟大的人物，这真是一个完美的预言。

除此之外，格兰特的父亲非常注重对儿子的教育，格兰特懂得的东西，很多是童年时期养成的，而非常多的品格当中，他的父亲对他的教诲是功不可没的。

1846 年，美国对墨西哥发动侵略战争，格兰特不幸地被卷入当中。虽然格兰特从内心深处非常排斥战争，但这场战争却给格兰特带来了诸多收获，他在这场战争中真正接触到了战斗经验。

格兰特在美国和墨西哥的战争中历练自己。第一次接触战争的人往往都显得非常紧张和怯懦，格兰特亦是如此。然而他从一个无名之辈——一个协助训练的部队中成长起来。一个人在涉及世事上初次遇到的东西往往会给自己以非常深刻的启迪，而这种启迪是有延续性的，随后，他的人生一步步高企。他之后当上了团长，然后是旅长，然后在西部战场得到了发挥自己才能的机会。也是从这个时候开始，世界开始认识格兰特。

在战争中，格兰特的军事天分被充分激发，他率领部队攻占亨利堡和多纳尔森堡，从此他威名大震，一个辉煌的时期，可以让人们更加明确地认识一个人。

在美墨战争时期，格兰特遇见的两个军官，一个是泰勒将军，另一个就是斯科特。

与泰勒比起来，斯科特更像是一个专业的军事将领，从斯科特那里，格兰特同样学会了非常多的东西。在斯科特那里，格兰特细心观察，不断揣摩，与自己进行着对话。

1854年，格兰特辞掉军职，他回到了圣路易斯与家人团聚，一个人漂泊久了就会自然而然地向往稳定的生活，格兰特也是这样，纪律严明的军事生活在很大程度上使人产生一种情绪——认为自己在某种程度上成了一台机器，但人不是机器，在长久的军事生涯之后，格兰特对温柔自在的生活极其渴望，也是出于某些被动原因，他回来了。

格兰特一直很少有机会全家人在一起生活，他感受到了久违了的温暖。但是，当格兰特在家里活得自由自在的时候，财力方面的捉襟见肘也越来越明显，他开始选择做生意，但是，在商场上交际完全没有在战场上那么自在，最终，他失败了，成为一个蹩脚的商人。

众所周知，在十九世纪下半叶，南北双方的矛盾日趋激烈，分裂的局面已经越来越明晰，林肯上台，南方推出南部同盟，1861年大战开始。

这对格兰特来说是个千载难逢的好机会，在自己的妻子的鼓励下他放弃了经商，回到了部队。

回到军队后，他的工作是为州政府征集志愿兵，有人举荐他去谋得一个更好的职位，但他拒绝了，他只是一心一意地做着自己的工作。州长注意到他了，给他安排了一个营长的工作，他接受了。

格兰特刚刚上任就拿出一个军事天才的独有气魄，把自己的营整饬得严明有纪，以前营里面的一些坏现象都没有了，格兰特出色的领导才能得到了极大的发挥。他却宠辱不惊。

这一切给了他信心，一种重新认识自己喜欢自己的信心，生活是压不倒他了，他也不必为养家糊口而活，很快，就像他自己预料到的，他被升为上校，然后开赴前线，然后1861年9月，他被破格提升为陆军准将，格兰特的戎马生涯正式进入了辉煌的阶段。

一个人达到了生涯的顶峰的时候，总是有足够的气魄，格兰特在南北战争中的唐纳尔逊战役要求南方代表必须无条件投降的事情就说明了这点，当时的格兰特已经是名满天下，南北战争就掌握在他的手中，毫不客气地说，的确是这样的。敌人抱着机会主义的心理，想和格兰特谈判，他们哪里想到，格兰特的强硬远远超出自己的想象，他的回应只有一个，无条件投降！敌人想拖延时间，格兰特洞察动机，威严相逼。终于，南方军队支持不住了，一万多人当了俘虏，这就是格兰特想要的结果，不费一兵一卒，灭敌人于无形之中。

在整个战争的形势不是非常乐观的前提下，林肯经过苦苦地思索，决定实行换将军的策略，毅然将格兰特提升为少将，对一个军事将领的最大的鼓励莫过于升官了，林肯非常善于揣摩人的心理。

当然，林肯本身就是一个善良厚道的人，所以对于格兰特，他非常明智，就是抚慰，他深明用将之道理，也非常明了格兰特的性格，所以，可以说，格兰特和林肯是相辅相成的两个人，互为成就，不可分离。

然后，那次非常血腥的战役打响了，北军在南军面前好像丧失了战斗力，匆忙上阵的士兵面对潮水一般的南方军队，显得那样没有作用，格兰特非常焦急。但在焦急中他没有丧失理智，他没有选择，只能做战略上的转移，同时，他静静等待友军的支持。谢尔曼来了，他带领军队在南北大军杀得难解难分的时候出其不意地攻击南军，兵贵神速，突如其来的打击让南方军队非常慌张，面临这种情况，他们仿佛没有了气力，军心也开始涣散。格兰特看到了这一切，马上决定杀回来，他大力鼓舞士气，三军用命，终于将南军打败。

这一次胜利彻底将格兰特的血性打了出来，随后的一次战役更加"疯狂"，这次是和谢尔曼合作共同决战维克斯堡战役。这场战役，对美国具有重大意义。

这次战役中，格兰特将围城攻城的战斗策略运用到了极致又极富耐心，最终，南方军队在格兰特的武力威逼下又不得不投降，这是格兰特伟大的胜利，也是林肯的胜利。

林肯除了给予格兰特全国性的荣誉之外，还改组了军队指挥中心，当然，这个中心的领头人，必然是格兰特。

多年后，格兰特以一个救世主的身份进入白宫，然后，以一个非常尴尬的局面从白宫搬出去。格兰特的政治生涯可以说是一片狼藉。

众所周知，起初人们对他是非常期待的，一个拯救国家于水火之中的人肯定会给这个国家带来不一样的东西。然而，当国家出现一系列丑闻的时候他并不急于去解决，而是采取息事宁人的方法，助长了不正之风。以至于，格兰特当总统期间，美国的政府贪污人数是最多的，一些大官的贪婪心理没有与格兰特的口号"让我们实现和平吧"相配合，平静的表面下，有着更强烈的暗流，一步步将政府的骨架吞噬。

格兰特是一个非常正直的人，然而，在总统的位置上，无功便是过，在美国尤其是如此，格兰特正直的心抵挡不过过软的耳朵，每一次丑闻都让他痛苦不堪，这也是他的必然结果，性格决定命运，就是这样。

有人说格兰特生于军队，毁于军队，这句话有点言过其实，但还是有一定的道理的，为什么呢，在担任总统后，政府人员的任用便是首要的问题，格兰特没有经过深思熟虑，更没有听取多少智囊团的意见，把军队的同僚大批大批地引到政府，又是这个矛盾，军人未必是能当好政治家的，就是这个问题。军人太多就会改变政府的气质，政府应该有什么气质呢，稳定，和谐，高效，统一，一帮驰骋沙场的人在美国这种民主气息如此浓厚的国家，无疑是不合适的，另外，之所以说不完全毁于军队，还有别的事情，那就是妻子那家族的裙带关系了，他的夫人让他多提拔自己的娘家人，一向正直的格兰特昏了头脑，没有拒绝，又埋下了政府腐败的根。

格兰特认为，一个国家的建设，富人的支持是非常重要的，基于这一原则，格兰特任命阿道夫·博里——一个拥有非常多的钱却对海军事务一窍不通的人，担任海军部长，这可以说是世界任命历史上的大笑话之一。阿道夫起初非常兴奋，觉得自己飞黄腾达了，但随后就陷入了尴尬的局面，所有的海军知识他都不懂，自己还不如自己的手下，过了三个月，他灰溜溜走了，当时一位议员说：

"美国正在遭受着一种像患了水肿病似的困扰着人们的裙带关系的折磨"，就是对当时情况的生动描述。

加菲尔德说道："格兰特挑选内阁官员是用挑选自己的军事幕僚的模式，根据他们和他的融洽的私人关系，而不是根据他们在国家中的声望和公众的需要，因此他比任何其他总统都更多地降低了阁员们的品德。"这已经差不多成为对格兰特的控诉了。

在格兰特当政时期，格兰特主义已经是一个贬义词，一个臭名昭著的贬义词，它象征着裙带关系，象征着贪污腐败。格兰特的这一行为彻底让财政部长布里斯托失望地辞掉了自己的职务。

同时代的马克·吐温，对格兰特的评价仿佛没有那么差，他幽默地说，格兰特是一个被不诚实的人包围的诚实的人，对作为当时非常激进的以抨击现实出名的马克·吐温来说，可是殊为不易的。

加菲尔德对此失望地评论说："这是总统一方向政治蛀虫投降，这群蛀虫败坏着政府，永远使它龌龊不堪。"

然后，从政府走向人间，格兰特再也没有辉煌过。

这就是格兰特将军的生涯，一个人，怎样做才能被历史记住，一个英雄的平凡又伟大的生活，当然，我们不能否定他在一些政治见解上的错误性，但如此辉煌的人生不值得我们敬佩吗！在战场上他就是一匹烈马，在和平时期，他却没有把战争的残暴气味带到生活中，不能不佩服他的魄力，毫不夸张地说，南北战争的胜利，一半的功劳是格兰特的。一个将军的戎马生涯，其实，每个人的生活何尝不是一个戎马生涯。

附

录

格兰特生平

尤里西斯·辛普森·格兰特（Ulysses Simpson Grant，1822年4月27日－1885年7月23日），美国军事家、陆军上将和第18任总统。他的性格坚毅、执着、内敛，行事我行我素，但却豁达大度，面对他人的打击多采取回避政策。

尤里西斯·辛普森·格兰特，1822年4月27日清晨5时许出生在俄亥俄州的波因特普莱森特。父亲杰西·鲁特·格兰特经营皮革业。母亲汉娜·辛普森是位农场主的女儿。格兰特的名字是家人用抓阄的方式起的。尤里西塞斯是《奥德塞》中大英雄奥德修斯的名字。这仿佛是他非常命运的开始。

1843年格兰特于西点军校毕业，并参加过美墨战争。1848年，格兰特与朱莉娅结婚，生有三子一女。参战时他已42岁，当时为上校，指挥一个团。短短4载，他从上校升为中将，担任联邦军总司令。1854年退役。内战爆发后，格兰特于伊利诺伊州加利纳协助招募并训练军队。先后担任志愿军的团长、旅长，作战于西部战场。1862年2月率军攻克南军的亨利堡及多纳尔森堡，从此声名远播，升任少将。

1862年4月在复洛会战中击败并重创南军。1863年4月至7月率田纳西军队迂回包抄密西西比河畔南军最重要的堡垒维克斯堡，经历了外围作战和攻坚战，最终迫使南军投降，俘获南军3.1万。11月率部挫败进攻查塔努加的军队。

林肯在1864年3月任命他联邦军总司令。格兰特同W．T．谢尔曼制定东西战线协同作战、分割歼敌的计划，迫使南方军总司令罗伯特·李向他投降。1864年5月率主力军在弗吉尼亚同罗伯特·李率领的南军主力决战，并命令谢尔曼进攻佐治亚，南军遭受重创。1865年4月2日攻克南部同盟"首都"里士满，南军被迫于4月9日在阿波马托克斯投降。

在整个南北战争期间，格兰特的表现被视为富有政治胆识，意识到废奴和黑人武装的重要；善于整体把握战争，指挥坚决果断，不惜代价地主动采取进攻来消灭敌方的有生力量，破坏了敌方的战争潜力。他为内战北方的胜利做出了卓越的贡献。1865年接受李的投降，内战结束。1866年4月晋升陆军上将。1867年8月~1868年1月任陆军代理部长。

凭借自己的军威，格兰特于1868年当选总统。1872年连任。尽管格兰特能征惯战，但并不等于善于理政，格兰特的平平政绩与他的赫赫战功成为明显对照。特别是在第二次总统任期内，他对南方奴隶主妥协让步以及对贪污腐化的属员采取姑息纵容态度，引起了选民的普遍不满。尽管他渴望继续当政，但事与愿违，他落选不得不离开白宫。格兰特1877年离开白宫后，曾一度陷入无家可归的境地。离任时，格兰特和妻子居然没去处，乃至赖在白宫两个星期不走。

之后，格兰特游历世界访问各国，期间还曾经访问过中国。凭借美国前总统的名声，他在各国受到礼若上宾的招待，在历时三年多的旅游中，格兰特把美国的声威播撒到全世界。尤里西斯和夫人曾花了三年多的时间，游遍了英格兰、比利时、德国、瑞士、意大利、丹麦、法国、埃及、巴勒斯坦、挪威、俄罗斯、印度、中国和日本等国家。

回国途中，格兰特在给朋友的信中说："我没有一个家，但我回去后必须建立一个家，我实在不知道到哪里去安家。"这道尽了美国总统的尴尬，除了白宫哪里还有他的家，没有及早地做理财规划，就连美国总统也会陷入无家之境。

回到美国，格兰特首先需要一个职位。格兰特曾把目光转向商界，但历史证明这是一个错误的选择。他担任墨西哥南方铁路公司的董事长，靠名望募集到一些修建铁路的资金，但好景不长，"常胜将军"并不能成为"常胜商人"，1884年墨西哥南方铁路公司宣告破产。他的生活由此陷入困顿。

在那段期间，格兰特获悉自己有喉癌。他开始写回忆录，以此来还清他的债务，供养家庭，在回忆录完成最后几页不久于1885年病逝。至此，伟大的"常胜将军"与世长辞。

格兰特年表

1822年4月27日清晨5时许出生在俄亥俄州的波因特普莱森特。

1843年于西点军校（陆军军官学校）毕业，并参加过美墨战争。

1854年退役。

1862年2月率军攻克南军的亨利堡及多纳尔森堡，从此名声大震，并升任少将。

1862年4月在复洛之役（Battle of Shiloh）中击败并重创南军。

1863年4月至7月率田纳西军队迂回包抄密西西比河畔南军最重要的堡垒维克斯堡，最终迫使南军投降，俘获南军3.1万人。

11月率部挫败进攻查塔努加的南军。

1864年起被任命为南北战争联邦军总司令。

1864年5月率主力军在弗吉尼亚同罗伯特·李率领的南军主力决战，南军遭受重创。

1865年4月2日攻克南部同盟"首都"里士满。

1865年4月9日接受李将军投降，内战结束。

1866年4月晋升陆军上将。

1867年8月至1868年1月任陆军代理部长。

1869年至1877年，由于彪炳的战功，连续两届当选美国总统，他的总统任期政绩平平，更因腐败贿赂、对奴隶主的妥协而遭批评。

1877年5月偕妻开始环游世界，曾到埃及参观金字塔，在英国受到热烈欢迎。

1879年12月回到美国。

1878年成为美国第一位到达日本和中国的前总统，会见明治天皇，并与当时中国清朝北洋大臣李鸿章合照，并且李鸿章称两人是当代伟大的人。

1881年投资商业。

1884年投资倒闭，格兰特的生活陷入贫困。

1885年病逝。